高等院校大学数学系列教材

U0738846

经济管理数学习题册

（上）

主　编　阳　军

副主编　陈　亮　李峰伟

参　编　周　念　郑　英

　　　　徐东辉　陆华晶

ZHEJIANG UNIVERSITY PRESS
浙江大学出版社
·杭州·

图书在版编目（CIP）数据

经济管理数学习题册. 上 / 阳军主编. -- 杭州 ：
浙江大学出版社，2024. 8. -- ISBN 978-7-308-25317-8

Ⅰ. F224.0-44

中国国家版本馆 CIP 数据核字第 2024CM8106 号

经济管理数学习题册(上)

主　编　阳　军

副主编　陈　亮　李峰伟

策划编辑　徐　霞（xuxia@zju.edu.cn）

责任编辑　徐　霞

责任校对　秦　瑕

封面设计　春天书装

出版发行　浙江大学出版社
　　　　　（杭州市天目山路 148 号　邮政编码 310007）
　　　　　（网址：http://www.zjupress.com）

排　　版　杭州青翊图文设计有限公司

印　　刷　嘉兴华源印刷厂

开　　本　787mm×1092mm　1/16

印　　张　8

字　　数　190 千

版 印 次　2024 年 8 月第 1 版　2024 年 8 月第 1 次印刷

书　　号　ISBN 978-7-308-25317-8

定　　价　25.00 元

内容简介

　　本套教程是针对应用型本科经济管理类专业人才培养模式而编写的数学课程教学用书,包括《经济管理数学(上册)》和《经济管理数学(下册)》,以及配套教材《经济管理数学习题册(上)》和《经济管理数学习题册(下)》。

　　本书为《经济管理数学习题册(上)》,是理论教材《经济管理数学(上册)》的配套练习用书,旨在帮助学生巩固和加深对理论教材中数学理论知识的理解,提高解题能力。本习题册的内容丰富多样,既有基础知识的巩固题,也有应用案例的练习题,分基础题、提高题、自测题三篇呈现,使用者可通过扫描习题册中的二维码获取习题答案,以便更灵活、高效地进行学习。

　　本习题册可作为普通本科、民办本科、独立学院等本科院校经济管理类专业学生的课堂练习和课后作业用书,也可作为专升本考试和专业硕士经济类联考的自学练习资料。

前　言

在当今知识经济和信息化时代,教育的变革与创新成为社会进步的关键驱动力之一。科技的发展和社会的不断进步,使得教育内容、形式和方法都在发生着深刻的变化。经济管理领域的深刻变革,尤其是新经济、数字经济、创新管理和大数据管理等新兴领域的发展,对经济管理专业人才的素质提出了更高的要求。为了更好地培养学生在经济管理中的数学应用能力,帮助他们应对未来的挑战,我们编写了《经济管理数学》上、下册教材,并配套编制了《经济管理数学习题册》。

本习题册是围绕应用型本科普通院校人才培养要求而编写的,旨在帮助学生巩固和深化对《经济管理数学》教材中内容的理解和掌握,提升他们解决实际问题的能力。本习题册在以下几个方面进行了精心设计和编排。

1. 多样化的习题设计

本习题册包括了丰富多样的习题类型,分为基础题、提高题、自测题三个部分,从基础理论到实际应用,涵盖了教材中的各个知识点。其中,基础题部分可作为教学日常课后作业题使用,建议直接写在习题册上,拍照后上传至教学 APP 或相关教学平台,教师可实现线上作业批阅管理。提高题部分以专业硕士经济类联考题为主,自测题部分可用于学生进行模拟自测,这两部分可由学生自主完成。

2. 与教材内容紧密结合

本习题册的内容与《经济管理数学》教材紧密结合,所有习题均与教材章节相对应。学生可以通过扫描习题册中的二维码,获取答案解析等资源,以帮助自身更高效地完成习题练习并巩固课程知识。通过系统性的习题练习,学生可以逐步深入理解教材中的数学理论和方法,增强对知识的综合运用能力。

3. 注重实际应用与创新

习题设计注重时代发展对人才素质的要求,融入了新经济、数字经济、创新管理和大数据管理等领域的实际案例和应用场景。通过这些实际问题的练习,学生能够更好地理解数学在经济管理中的重要作用和实际应用价值。

我们希望,通过本习题册的使用,学生不仅能够扎实掌握《经济管理数学》教材中的理论知识,还能灵活运用这些知识解决实际问题。特别感谢参与和支持本习题册编写的所有同仁,希望本习题册能在教学实践中得到广大师生的认可和喜爱,并能不断改进和完善。

编者

2024 年 5 月

目　录

基础题

提高题

自测题

// 基础题 //

1. 函数（一）

1. 用区间表示下列不等式的解：

(1) $x^2 \leqslant 9$；　　　　　(2) $|x-1| > 1$；　　　　　(3) $(x-1)(x+2) < 0$.

2. 用区间表示下列函数的定义域：

(1) $y = \dfrac{1}{x} - \sqrt{1-x^2}$；　　　　　(2) $y = \dfrac{x}{\sqrt{x^2-1}}$；

(3) $y = \dfrac{1}{\ln \ln x}$；　　　　　(4) $y = \sqrt{6-5x-x^2} + \dfrac{1}{\ln(2-x)}$.

3. 在同一坐标系下作出下列函数图形，并标明函数：

(1) $y = x$，$y = x^2$，$y = x^3$；　　　　　(2) $y = \dfrac{1}{x}$，$y = \sqrt{x}$，$y = x^{\frac{1}{3}}$；

$(3)\, y=3^x\,,y=\log_3 x$；

$(4)\, y=\left(\dfrac{1}{3}\right)^x,y=\log_{\frac{1}{3}}x.$

4. 判定下列函数的奇偶性：

$(1)\, f(x)=x^4-x^2$；

$(2)\, f(x)=x\sin x$；

$(3)\, f(x)=\sin x-\cos x$；

$(4)\, f(x)=\mathrm{e}^x-\mathrm{e}^{-x}.$

5. 求下列函数的反函数：

$(1)\, y=3^{x-2}$；

$(2)\, y=3x^3-1.$

6. 讨论函数 $f(x)=\ln x$ 在给定的区间上的有界性：

$(1)\,(0,+\infty)$；　　　　$(2)\,(0,1)$；　　　　$(3)\,(1,2).$

7. 判断下列函数的周期性,对于周期函数指出它的周期(最小正周期):

(1) $f(x)=\cos(x-2)$;　　　　　　　(2) $f(x)=x\cos x$;

(3) $f(x)=\sin^2 x$;　　　　　　　(4) $f(x)=\tan(2x-1)$.

8. 求下列分段函数的定义域和值域:
$$y=\begin{cases}x+3, & x\leqslant 1,\\ 5x-1, & x>1.\end{cases}$$

9. 下列初等函数是由哪些基本初等函数复合而成的?

(1) $y=\sqrt[3]{\sin x}$;　　　　　　　(2) $y=\mathrm{e}^{\frac{1}{x}}$;

(3) $y=\sin 2x$;　　　　　　　(4) $y=\ln^2 x$.

2. 函数（二）

1. 求下列函数的表达式：

(1) 设 $f(\sin x) = \cos^2 x + \sin x + 5$，求 $f(x)$；

(2) 设 $g(x-1) = x^2 + x + 1$，求 $g(x)$；

(3) 设 $f(x) = x^3 - x$，$\varphi(x) = \sin x$，求 $f[\varphi(x)]$.

2. 设销售商品的总收入是销售量 x 的二次函数，已知当 $x=0,2,4$ 时，总收入分别是 $0,6,8$，试确定总收入函数 $R(x)$.

3. 设某厂生产某种产品 1000 吨，定价为 130 元/吨，当一次售出 700 吨及以内时，按原价出售；当一次成交超过 700 吨时，超过 700 吨的部分按原价的 9 折出售，试将总收入表示成销售量的函数.

4. 某厂生产录音机的成本为每台 50 元,预计当以每台 x 元的价格卖出时,消费者每月购买 $200-x$ 台,请将该厂的月利润表达为价格 x 的函数.

5. 已知某种商品的需求和供给函数表示如下:

$$P=-4Q_D+120, \qquad P=\frac{1}{3}Q_S+29,$$

其中,P,Q_D,Q_S 分别表示商品的价格、需求量、供给量.

(1)求均衡价格与均衡数量;

(2)当政府决定向每单位商品征收 13 元的固定税收时,求新的均衡价格与均衡数量,并分析是谁支付了税收.

6. 按年复利计算,利率为 10%,如果 5 年后想得到 250 元,现在应存入银行多少钱?

7. 某人手中持有一张 3 年到期的面额为 1000 元的票据和一张 5 年到期的面额为 800 元的票据,银行贴现率为 7%,若两张票据去银行进行一次性票据转让,按复利计算银行所付的贴现额是多少?

3. 数列与函数极限

1. 观察下列数列当 $n \to \infty$ 时的变化趋势,指出哪些有极限,极限值是多少? 哪些没有极限?

(1) $\{x_n\} = \left\{ \dfrac{1}{3^n} \right\}$;

(2) $\{x_n\} = \{2n+1\}$;

(3) $\{x_n\} = \left\{ \dfrac{n-1}{n+1} \right\}$;

(4) $\{x_n\} = \left\{ \dfrac{(-1)^n}{n} \right\}$.

2. 求下列极限:

(1) $\lim\limits_{n \to \infty} \dfrac{n^2 + 2n}{3n^2 - 5}$;

(2) $\lim\limits_{n \to \infty} \dfrac{1 + 2n}{3n^2 - n}$;

(3) $\lim\limits_{n \to \infty} \dfrac{1 + 2 + 3 + \cdots + n}{n^2}$;

(4) $\lim\limits_{n \to \infty} (\sqrt{n+1} - \sqrt{n-1})$;

(5) $\lim\limits_{x \to 0} \cos x$;

(6) $\lim\limits_{x \to 2} (3x - 5)$.

3. 画图证明:当 $x \to 0$ 时,$f(x) = |x|$ 的极限为零.

4. 设 $f(x) = \begin{cases} x, & x < 3, \\ 3x - 1, & x \geqslant 3, \end{cases}$ 画出函数 $f(x)$ 的图形,并求当 $x \to 3$ 时 $f(x)$ 的左、右极限.

5. 讨论下列函数在 $x = 0$ 处的极限是否存在,若存在,求出极限值:

(1) $f(x) = \begin{cases} \sin x, & x < 0, \\ \cos x, & x > 0; \end{cases}$

(2) $f(x) = \begin{cases} x^3 + 1, & x < 0, \\ 0, & x = 0, \\ 3^x, & x > 0. \end{cases}$

4. 极限运算

1. 当 $x \to +\infty$ 时,下列函数中为无穷大量的是(　　).

A. $\sin x$　　　　　　B. e^{-x}　　　　　　C. $x^2 - 100x$　　　　D. $\sin \dfrac{1}{x}$

2. 若函数 $f(x)$ 在某点 x_0 处极限存在,则(　　).

A. $f(x)$ 在 x_0 处一定有定义　　　　B. $f(x)$ 在 x_0 处的函数值可以不存在

C. 如果 $f(x_0)$ 存在,必等于极限值　　D. 以上说法都不正确

3. 下列叙述正确的是(　　).

A. 无穷小量是比零稍大一点的一个数　　B. 无穷小量是一个很小很小的数

C. 无穷小量是极限为零的一个变量　　　D. 无穷小量是数零

4. 当 $x \to 0$ 时,下列函数哪些是无穷小,哪些是无穷大,哪些既不是无穷小也不是无穷大?

$(1) y = \dfrac{x}{x+1}$;　　　　　　　　　　　$(2) y = 2^x$;

$(3) y = \dfrac{x-1}{\sin x}$;　　　　　　　　　　$(4) y = x^2 - 2x + 1$.

5. 计算下列极限:

$(1) \lim\limits_{x \to -1} \dfrac{x^2 + 2x + 5}{x^2 + 1}$;　　　　　　　$(2) \lim\limits_{x \to 1} \dfrac{x^2 - 2x + 1}{x^2 - 4x + 3}$;

(3) $\lim\limits_{x \to 2} \dfrac{x^2 - 3x - 4}{x^2 - 4}$;

(4) $\lim\limits_{x \to 4} \dfrac{x - 4}{\sqrt{x - 3} - 1}$;

(5) $\lim\limits_{n \to \infty} \dfrac{n^2 + n + 1}{(n - 1)^2}$;

(6) $\lim\limits_{x \to \infty} \dfrac{2x^2 - x + 1}{3x^2 + 1}$;

(7) $\lim\limits_{n \to \infty} \dfrac{(-2)^n + 3^n}{(-2)^{n+1} + 3^{n+1}}$;

(8) $\lim\limits_{x \to 0} \left(x^2 \sin \dfrac{1}{x} \right)$;

(9) $\lim\limits_{x \to \infty} \dfrac{1 + \sin x}{x}$;

(10) $\lim\limits_{x \to 1} \left(\dfrac{x}{x - 1} - \dfrac{2}{x^2 - 1} \right)$.

6. 设 $f(x) = \begin{cases} \mathrm{e}^x, & x < 0, \\ x^2 + a, & x \geqslant 0, \end{cases}$ 当常数 a 为何值时，$\lim\limits_{x \to 0} f(x)$ 存在？

5. 两个重要极限与无穷小的比较

1. 下列等式中,成立的是(   ).

A. $\lim\limits_{x\to\infty}\left(1+\dfrac{1}{x}\right)^{2x}=\mathrm{e}$

B. $\lim\limits_{x\to\infty}\left(1+\dfrac{2}{x}\right)^{x}=\mathrm{e}$

C. $\lim\limits_{x\to 0}\left(1+\dfrac{1}{x}\right)^{x}=\mathrm{e}$

D. $\lim\limits_{x\to\infty}\left(1+\dfrac{1}{x}\right)^{x+1}=\mathrm{e}$

2. $\lim\limits_{x\to\infty}\left(x\sin\dfrac{1}{x}+\dfrac{1}{x}\sin x\right)=($ $).$

A. 0   B. 1   C. 2   D. 不存在

3. 计算下列极限:

$(1)\lim\limits_{x\to 0}\dfrac{x}{\sin 2x}$;

$(2)\lim\limits_{x\to 0}\dfrac{\sin 2x}{\sin x}$;

$(3)\lim\limits_{x\to 0}\dfrac{\tan 7x}{x}$;

$(4)\lim\limits_{x\to\infty}\left(1+\dfrac{1}{3x}\right)^{x}$;

$(5)\lim\limits_{x\to\infty}\left(1+\dfrac{2}{x}\right)^{x+3}$;

$(6)\lim\limits_{x\to 0}(1-x)^{\frac{1}{x}}$.

4. 利用无穷小的等价替换,求下列极限:

(1) $\lim\limits_{x\to 0}\dfrac{\sqrt[3]{1+x}-1}{\tan x}$;

(2) $\lim\limits_{x\to 0}\dfrac{(e^x-1)^2}{2x\ln(1+x)}$;

(3) $\lim\limits_{x\to 0}\dfrac{\sin^2 3x}{x\sin x}$;

(4) $\lim\limits_{x\to 0}\dfrac{\ln(1+3x)\ln(1+x)}{x\sin 3x}$.

5. 某企业计划发行公司债券,规定以年利率 6.5% 的连续复利计算利息,10 年后每份债券一次性偿还本息 1000 元,问发行时每份债券的价格应为多少元?

6. 一机器的原价值为 1000 元,因逐年变旧,每年价值减少 5%,问 5 年后机器的价值为多少?(按照连续折旧计算)

6. 函数的连续性

1. 函数 $f(x)$ 在点 x_0 处连续是函数 $f(x)$ 在点 x_0 处极限存在的(　　　).

A. 充分条件　　　　B. 必要条件　　　　C. 充要条件　　　　D. 无关条件

2. 设 $\lim\limits_{x\to x_0^-}f(x)=A,\lim\limits_{x\to x_0^+}f(x)=A$,则 $f(x)$ 在点 x_0 处(　　　).

A. 一定有定义　　　　　　　　　　　B. 一定有 $f(x_0)=A$

C. 一定有极限　　　　　　　　　　　D. 一定连续

3. 若函数 $f(x)=\begin{cases}x^2+a, & x\geqslant 1,\\ \cos\pi x, & x<1\end{cases}$ 在 **R** 上连续,则 a 的值为(　　　).

A. 0　　　　　　　　B. 1　　　　　　　　C. -1　　　　　　　　D. -2

4. 函数 $y=\dfrac{\sqrt{9-x^2}}{\lg(x+2)}$ 的连续区间是(　　　).

A. $[-2,3]$　　　　　　　　　　　B. $[-3,3]$

C. $(-2,-1)\bigcup(-1,3]$　　　　　D. $(-3,3)$

5. 函数 $f(x)=\begin{cases}\dfrac{x^2-16}{x-4}, & x\neq 4,\\ a, & x=4,\end{cases}$ a 取什么值时,函数 $f(x)$ 在 $(-\infty,+\infty)$ 内连续?

6. 设 $f(x)=\begin{cases}\dfrac{\sin mx}{2x}, & x<0,\\ n, & x=0,\\ 2x+3, & x>0\end{cases}$ 在 $x=0$ 处连续,求 m,n.

7. 设函数 $f(x)$ 在 $x=1$ 处连续，且 $f(1)=1$，求 $\lim\limits_{x\to+\infty}\ln[2+f(\mathrm{e}^{\frac{1}{x}})]$.

8. 证明下列方程在指定区间内至少有一个实根：

(1) $x^4-3x-1=0$，在区间 $(1,2)$；　　　　　　　(2) $x=\mathrm{e}^x-2$，在区间 $(0,2)$.

9. 用二分法近似求出方程 $x^5-3x=1$ 在 1 到 2 之间的根（误差小于 0.1）.

7.极限与连续复习题

一、选择题

1. 下列命题正确的是(　　).

A. 无穷小是很小的正数　　　　　　　B. 无穷小是零

C. 无限变小的变量是无穷小量　　　　D. 零是无穷小量

2. 设 $f(x)=\dfrac{-x}{|x|}$,则$\lim\limits_{x\to 0}f(x)=($　　).

A. 0　　　　　　B. 1　　　　　　C. -1　　　　　　D. 不存在

3. 当 $x\to 0$ 时,下列函数为无穷小量的是(　　).

A. $\dfrac{x+\cos x}{x}$　　　　B. $\dfrac{\sin x}{x}$　　　　C. $x\sin x$　　　　D. $\dfrac{1}{2^x-1}$

4. 下列等式中成立的是(　　).

A. $\lim\limits_{x\to\infty}\left(1+\dfrac{1}{x}\right)^{2x}=e$　　　　　　　　B. $\lim\limits_{x\to\infty}\left(1+\dfrac{2}{x}\right)^{x}=e$

C. $\lim\limits_{x\to 0}\left(1+\dfrac{1}{x}\right)^{x}=e$　　　　　　　　D. $\lim\limits_{x\to\infty}\left(1+\dfrac{1}{x}\right)^{x+1}=e$

5. $\lim\limits_{x\to\infty}\left(x\sin\dfrac{1}{x}+\dfrac{1}{x}\sin x\right)=($　　).

A. 0　　　　　　B. 1　　　　　　C. 2　　　　　　D. 不存在

6. $\lim\limits_{n\to\infty}\dfrac{2^n-7^n}{2^n+7^n-1}=($　　).

A. 1　　　　　　B. -1　　　　　　C. 7　　　　　　D. ∞

7. $\lim\limits_{x\to x_0^-}f(x)=A,\lim\limits_{x\to x_0^+}f(x)=A$,则在点 x_0 处(　　).

A. 一定有定义　　　　　　　　　　　B. 一定有 $f(x_0)=A$

C. 一定有极限　　　　　　　　　　　D. 一定连续

8. 当 $x\to 0$ 时,$f(x)=\sin\dfrac{\pi}{x}$是(　　).

A. 无穷小量　　　　　　　　　　　　B. 无穷大量

C. 无界变量　　　　　　　　　　　　D. 有界变量

9. 下列各式中正确的是(　　).

A. $\lim\limits_{x\to +\infty}\dfrac{\tan x}{x}=1$　　　　　　　B. $\lim\limits_{x\to 0}\dfrac{x}{\sin x}=1$

C. $\lim\limits_{x\to\infty}\dfrac{x}{\tan x}=1$　　　　　　　D. $\lim\limits_{x\to\infty}\dfrac{\sin x}{x}=1$

10. 下列极限存在的是( ).

A. $\lim\limits_{x\to\infty}\dfrac{x(x^2-1)}{x^2}$ 　　　　　　B. $\lim\limits_{x\to0}\dfrac{1}{2^x-1}$

C. $\lim\limits_{x\to\infty}\dfrac{x^2-1}{x^2+1}$ 　　　　　　D. $\lim\limits_{x\to+\infty}e^x$

二、计算题

1. $\lim\limits_{x\to0}\left(\dfrac{\sqrt{1+x}-\sqrt{1-x}}{x}\right)$.　　**2.** $\lim\limits_{x\to4}\dfrac{x^2-6x+8}{x^2-5x+4}$.

3. $\lim\limits_{x\to0}\dfrac{\tan 7x}{x}$.　　**4.** $\lim\limits_{x\to\pi}\dfrac{\sin(\pi-x)}{\pi-x}$.

5. $\lim\limits_{x\to+\infty}\dfrac{\sqrt{2x^2+x}}{x}$.　　**6.** $\lim\limits_{n\to\infty}\dfrac{(-2)^n+3^n}{(-2)^{n+1}+3^{n+1}}$.

7. $\lim\limits_{x\to\infty}\left(1+\dfrac{5}{x}\right)^{x}$.

8. $\lim\limits_{x\to\infty}\left(\dfrac{x-3}{x}\right)^{3x}$.

9. $\lim\limits_{x\to0}\dfrac{\ln(1-2x)}{\sin 5x}$.

10. $\lim\limits_{x\to-1}\dfrac{\sin(x+1)}{2(x+1)}$.

11. $\lim\limits_{x\to0}\dfrac{\sin 2x(e^{x}-1)}{\tan x^{2}}$.

12. $\lim\limits_{x\to0}\dfrac{\sqrt{x+4}-2}{\sin 5x}$.

13. $\lim\limits_{x\to0}\dfrac{1-\cos x}{\sin^{2} x}$.

14. $\lim\limits_{x\to1}\left(\dfrac{1}{x-1}-\dfrac{2}{x^{2}-1}\right)$.

三、应用题

1. 已知某种商品的需求和供给函数表示如下：

$$P = -\frac{1}{2}Q_D + 20, \qquad P = \frac{1}{3}(Q_S + 10)$$

其中，P，Q_D，Q_S 分别表示商品的价格、需求量、供给量.

(1)求均衡价格和均衡数量；

(2)当政府决定向企业每单位商品征收 10 元的固定税收时，分别求新的均衡价格与均衡数量，并分析是谁支付了税收.

2. 设人口自然增长率(出生率与死亡率之差)为 1%，问几年后人口将翻一番？(说明：利用连续复利模型，借助科学计算器计算)

3. 设清除污染费用 $c(x)$ 与污染成分 $x\%$ 之间的函数模型为

$$c(x) = \frac{7300x}{100 - x}.$$

(1)求 $\lim\limits_{x \to 80} c(x)$；　　　　　　　　　　(2)求 $\lim\limits_{x \to 100^-} c(x)$；

(3)当污染成分趋近 100% 时，能否彻底清除污染？

8. 导数的概念

1. 设函数 $y = f(x)$ 在点 x_0 处可导, 则 $\lim\limits_{\Delta x \to 0} \dfrac{f(x_0 - 2\Delta x) - f(x_0)}{\Delta x} = ($ $)$.

A. $f'(x_0)$ B. $-f'(x_0)$ C. $2f'(x_0)$ D. $-2f'(x_0)$

2. 曲线 $y = 2x^2 + 3x - 26$ 上点 M 处的切线斜率是 15, 则点 M 的坐标是(   ).

A. $(3, 15)$ B. $(3, 1)$ C. $(3, 15)$ D. $(3, 1)$

3. 曲线 $y = e^x$ 上点 $(0, 1)$ 处的切线方程为 (   ).

A. $y = x + 1$ B. $y = x - 1$ C. $y = x$ D. $y = -x$

4. 设 $f(x)$ 在 (a, b) 内连续, 且 $x_0 \in (a, b)$, 则在点 x_0 处(   ).

A. $f(x)$ 极限存在, 且可导   B. $f(x)$ 的极限存在, 但不一定可导

C. $f(x)$ 的极限不存在   D. $f(x)$ 的极限不一定存在

5. 如果 $f(x) = x^2 + 2$, 求:

(1) 从 $x = 1$ 到 $x = 1.1$ 时, 自变量的增量 Δx;

(2) 从 $x = 1$ 到 $x = 1.1$ 时, 因变量的增量 Δy;

(3) 从 $x = 1$ 到 $x = 1.1$ 时, 函数的平均变化率;

(4) 函数在 $x = 1$ 处的变化率.

6. 试求曲线 $y = \dfrac{1}{x^2}$ 在 $x = 1$ 处的切线方程与法线方程.

7. 设函数 $f(x) = \begin{cases} x^2, & x \leqslant 1, \\ x, & x > 1, \end{cases}$ 讨论函数 $f(x)$ 在 $x = 1$ 处的导数.

8. 设 $f(x)$ 在点 x_0 处可导,求证:

$$f'(x_0) = \frac{1}{2} \lim_{\Delta x \to 0} \frac{f(x_0 + \Delta x) - f(x_0 - \Delta x)}{\Delta x}.$$

9. 导数计算

1. 设 $f(x)=3^{\ln x}$，则 $f'(\mathrm{e})=($ $)$.

A. $\dfrac{3}{\mathrm{e}}\ln 3$ B. $\dfrac{\mathrm{e}}{3}\ln 3$ C. $3\mathrm{e}\ln 3$ D. $\mathrm{e}\ln 3$

2. 设 $f(x)=\begin{cases} \dfrac{1}{2}x, & x\geqslant 0, \\ a\sin x, & x<0 \end{cases}$ 在 $x=0$ 处可导，则 $a=($ $)$.

A. 0 B. $\dfrac{1}{2}$ C. 1 D. 2

3. 求下列函数的一阶导数：

(1) $y=3x^3+3^x+\log_3 x+3^3$；

(2) $y=(1-x)(1-2x)$；

(3) $y=\dfrac{x-1}{x^2+1}$；

(4) $y=5\sqrt{x}-\dfrac{1}{x}$；

(5) $y=(1+x^2)\ln x$；

(6) $y=\dfrac{\sin x}{1+\cos x}$；

(7) $y=x\log_3 x-x$；

(8) $y=\mathrm{e}^x(\cos x+\sin x)$.

4. 求下列函数的一阶导数：

(1) $y = (2x^2 - 3)^2$；

(2) $y = \sqrt{a^2 + x^2}$；

(3) $y = \sin(5 + 2x)$；

(4) $y = \ln^2 x$；

(5) $y = \ln(a^2 - x^2)$；

(6) $y = \ln \sin x$；

(7) $y = \sin x \cos^3 x$；

(8) $y = e^{\cos 4x}$.

5. 求下列函数在指定点的导数：

(1) $f(x) = \sqrt{1 + \ln^2 x}$，求 $f'(x)$，$f'(e)$；

(2) $f(x) = e^x \cos 3x$，求 $f'(x)$，$f'(0)$.

10. 隐函数与高阶导数

1. 设函数 $y = f(u)$ 是可导的，且 $u = x^2$，则 $\dfrac{dy}{dx} = ($).

A. $f'(x^2)$ B. $xf'(x^2)$ C. $2xf'(x^2)$ D. $x^2 f(x^2)$

2. 曲线 $(5y+2)^3 = (2x+1)^5$ 在点 $\left(0, -\dfrac{1}{5}\right)$ 处的切线方程是( ).

A. $y = \dfrac{2}{3}x - \dfrac{1}{3}$ B. $y = \dfrac{2}{3}x + \dfrac{1}{3}$

C. $y = -\dfrac{2}{3}x + \dfrac{1}{3}$ D. $y = -\dfrac{2}{3}x - \dfrac{1}{3}$

3. 设 $f(x) = e^x \cos x$，则 $f''(0) = ($).

A. 2 B. 0 C. -2 D. 不存在

4. 若 $y = x^2 \ln x$，则 $y'' = ($).

A. $2\ln x$ B. $2\ln x + 1$ C. $2\ln x + 2$ D. $2\ln x + 3$

5. 设函数 $y = y(x)$ 由方程 $xy - e^x + e^y = 0$ 所确定，试求 $y'\big|_{x=0}$.

6. 方程 $y^3 + 3yx - 5x^2 = 6$，求 $\dfrac{dy}{dx}$.

7. 求曲线 $x^2 + y^5 - 2xy = 0$ 在点 $(1,1)$ 处的切线方程.

8. 求下列函数的二阶导数：

(1) $y = 2x^2 + \ln x$;   (2) $y = e^x \cos x$;

(3) $y = \sin x + \cos x$;   (4) $y = x^2 \, 10^x$.

9. 求下列函数的 n 阶导数：

(1) $y = e^{2x}$;   (2) $y = \ln(x+1)$.

10. 已知物体做直线运动，其运动方程为 $s = 9\sin\dfrac{\pi t}{3} + 2t$，试求在第一秒末的加速度.（$s$ 以米为单位，t 以秒为单位）

11. 函数的微分

1. 若函数 $y=f(x)$ 在 x_0 处可微,则下列结论不正确的是(　　).

A. $y=f(x)$ 在 x_0 处连续　　　　　　B. $y=f(x)$ 在 x_0 处可导

C. $y=f(x)$ 在 x_0 处无定义　　　　　D. $y=f(x)$ 当 $x \to x_0$ 时的极限存在

2. 设 $y=\cos nx$,则 $\mathrm{d}y=($　　).

A. $-\sin nx\mathrm{d}x$　　　　B. $n\sin nx\mathrm{d}x$　　　　C. $-n\sin nx$　　　　D. $-n\sin nx\mathrm{d}x$

3. 设 $f(x)$ 可微,则 $\mathrm{d}(\mathrm{e}^{f(x)})=($　　).

A. $f'(x)\mathrm{d}x$　　　　B. $\mathrm{e}^{f(x)}\mathrm{d}x$　　　　C. $f'(x)\mathrm{e}^{f(x)}\mathrm{d}x$　　　　D. $f'(x)\mathrm{d}(\mathrm{e}^{f(x)})$

4. 在括号内填入适当的函数,使等式成立:

(1) $\mathrm{d}($　　　　　$)=\cos t\mathrm{d}t$;　　　　　　(2) $\mathrm{d}($　　　　　$)=\sin 2x\mathrm{d}x$;

(3) $\mathrm{d}($　　　　　$)=\mathrm{e}^{-2x}\mathrm{d}x$;　　　　　(4) $\mathrm{d}($　　　　　$)=\dfrac{1}{\sqrt{x}}\mathrm{d}x$;

(5) $\mathrm{d}($　　　　　$)=\dfrac{1}{x}\mathrm{d}x$;　　　　　(6) $\mathrm{d}($　　　　　$)=5\mathrm{d}x$.

5. 求下列函数的微分:

(1) $y=\sin 5x$;　　　　　　　　　　　(2) $y=x^3+\ln 3$;

(3) $y=x\mathrm{e}^x$;　　　　　　　　　　　(4) $y=\dfrac{5}{x}-\dfrac{x}{5}$;

(5) $y=\cos\sqrt{x}$;　　　　　　　　　　(6) $y=(x^2-1)^{\frac{1}{3}}$;

(7) $y=\sqrt{x}\ln x$;　　　　　　　　　　(8) $y=x\ln x-x$;

$(9)\,y=\dfrac{x}{1+x^2}$;

$(10)\,y=\ln\tan x.$

6. 利用微分求下列各数的近似值：

$(1)\,\sqrt[3]{8.1}$;

$(2)\,\ln 0.99.$

7. 一金属球直径为 10 厘米，受热后直径增加了 $\dfrac{1}{8}$ 厘米，则此金属球体积大约增加了多少？（用微分知识估算）

12. 导数与微分复习题

一、选择题

1. 设函数 $y = f(x)$ 在点 x_0 处可导,则 $\lim\limits_{\Delta x \to 0} \dfrac{f(x_0 - 2\Delta x) - f(x_0)}{\Delta x} = ($　　$)$.

A. $f'(x_0)$ 　　　　　　　　B. $-f'(x_0)$

C. $2f'(x_0)$ 　　　　　　　D. $-2f'(x_0)$

2. 曲线 $y = 2x^2 + 3x - 26$ 上点 M 处的切线斜率是 15,则点 M 的坐标是$($　　$)$.

A. $(3, 15)$ 　　B. $(3, 1)$ 　　C. $(3, 15)$ 　　D. $(3, 1)$

3. 曲线 $y = e^x$ 上点 $(0, 1)$ 处的切线方程为 $($　　$)$.

A. $y = x + 1$ 　　　　　　　B. $y = x - 1$

C. $y = x$ 　　　　　　　　　D. $y = -x$

4. 设 $f(x)$ 在 (a, b) 内连续,且 $x_0 \in (a, b)$,则在点 x_0 处$($　　$)$.

A. $f(x)$ 极限存在,且可导 　　　　B. $f(x)$ 的极限存在,但不一定可导

C. $f(x)$ 的极限不存在 　　　　　　D. $f(x)$ 的极限不一定存在

5. 设 $f(x) = 3^{\ln x}$,则 $f'(e) = ($　　$)$.

A. $\dfrac{3}{e} \ln 3$ 　　　　　　　B. $\dfrac{e}{3} \ln 3$

C. $3e\ln 3$ 　　　　　　　　　D. $e\ln 3$

6. 设 $f(x) = e^x \cos x$,则 $f''(0) = ($　　$)$.

A. 2 　　　　B. 0 　　　　C. -2 　　　　D. 不存在

7. 设 $f(x) = \begin{cases} \dfrac{1}{2}x, & x \geqslant 0 \\ a\sin x, & x < 0 \end{cases}$ 在 $x = 0$ 处可导,则 $a = ($　　$)$.

A. 0 　　　　B. $\dfrac{1}{2}$ 　　　　C. 1 　　　　D. 2

8. 若 $y = x^2 \ln x$,则 $y'' = ($　　$)$.

A. $2\ln x$ 　　　　　　　　　B. $2\ln x + 1$

C. $2\ln x + 2$ 　　　　　　　D. $2\ln x + 3$

9. 若函数 $y = f(x)$ 在 x_0 处可微,则下列结论不正确的是$($　　$)$.

A. $y = f(x)$ 在 x_0 处连续 　　　　B. $y = f(x)$ 在 x_0 处可导

C. $y = f(x)$ 在 x_0 处无定义 　　　D. $y = f(x)$ 当 $x \to x_0$ 时的极限存在

10. 设 $y = \cos nx$,则 $\mathrm{d}y = ($　　$)$.

A. $-\sin nx\mathrm{d}x$ 　　　　　　B. $n\sin nx\mathrm{d}x$

C. $-n\sin nx$ 　　　　　　　　D. $-n\sin nx\mathrm{d}x$

二、计算题

1. 设 $y = x^2\cos(5-4x)$，求 y'.　　　**2.** $y = xe^{x^2} + \ln(1-2x)$，求 dy.

3. 设 $y = 2^{\cos x} + (\cos x)^2$，求 $y'(0)$.　　　**4.** $y = \sqrt{x}\log_3 x + 2^x\ln x$，求 y'.

5. $y = \ln\sin x + \ln 10$，求 y'.　　　**6.** $y = x^2 - \sqrt{10-x^2}$，求 $dy|_{x=1}$.

7. 设函数 $y = y(x)$ 由方程 $e^{x+y} + x + y^2 = 1$ 确定，求 $\dfrac{dy}{dx}$ 和 $\dfrac{dy}{dx}\bigg|_{x=0}$.

8. 设函数 $y = y(x)$ 由方程 $e^y + y\ln(1+x) = x$ 确定，求 $\dfrac{dy}{dx}$.

三、应用题

1. 已知物体做直线运动, 其运动方程为 $s(t)=\dfrac{1}{6}t^3-\dfrac{1}{2}t^2+1$, 求物体在 $t=2$ 时的速度和加速度.

2. 求曲线 $y=xe^x+1$ 在点 $(0,1)$ 处的切线方程和法线方程.

3. 验证函数 $y=e^x\cos x$ 满足关系式: $y''-2y'+2y=0$.

4. 讨论下列函数在 $x=1$ 处的连续性和可导性:
$$f(x)=\begin{cases} x^2+x, & x\leqslant 1, \\ 2x^3, & x>1. \end{cases}$$

13. 边际与弹性

1. 设某工厂生产 x 个单位产品的总收入为
$$R(x)=200x-0.01x^2,$$
求生产 100 个单位产品时的总收入、平均收入以及当生产第 100 个单位产品时总收入的变化率.

2. 设某产品的成本函数和总收入函数分别为
$$C(x)=3+2\sqrt{x}, \qquad R(x)=\frac{5x}{x+1},$$
其中 x 为该产品的销售量. 求该产品的成本变化率(边际成本)、总收入的变化率(边际收入)及利润的变化率(边际利润).

3. 求下列函数的弹性函数:
(1) $y=ax+b$;　　　　　(2) $y=ae^{bx}$;　　　　　(3) $y=x^a$.

4. 某商品的需求量 Q 为价格 P 的函数

$$Q = 150 - 2P^2.$$

(1)求当 $P = 6$ 时的边际需求,并说明其经济意义;

(2)求当 $P = 6$ 时的需求弹性,并说明其经济意义;

(3)当 $P = 6$ 时,若价格下降 1%,总收益将变化百分之几? 是增加还是减少?

5. 某商品的供给量 Q 为价格 P 的函数

$$Q = 5P + P^2.$$

(1)求当 $P = 5$ 时的边际供给,并说明其经济意义;

(2)求当 $P = 5$ 时的供给弹性,并说明其经济意义.

14. 洛比达法则

1. 求下列极限：

(1) $\lim\limits_{x\to 0}\dfrac{e^{5x}-1}{\sin 2x}$；

(2) $\lim\limits_{x\to 0}\dfrac{1-\cos x}{x(e^x-1)}$；

(3) $\lim\limits_{x\to 0}\dfrac{e^x-x-1}{x^2}$；

(4) $\lim\limits_{x\to 0}\dfrac{\tan x-x}{x-\sin x}$；

(5) $\lim\limits_{x\to a}\dfrac{x^5-a^5}{x^2-a^2}$；

(6) $\lim\limits_{x\to 0}\dfrac{e^x-x-1}{x\sin x}$；

(7) $\lim\limits_{x\to +\infty}\dfrac{\ln x}{x^2}$；

(8) $\lim\limits_{x\to +\infty}\dfrac{e^x-50}{3x^2+x^3}$；

(9) $\lim\limits_{x\to 0}\dfrac{3^x-2^x}{x}$；

(10) $\lim\limits_{x\to +\infty}\dfrac{\ln(1+x^2)}{2x+3}$；

$(11) \lim\limits_{x \to \infty} \dfrac{\ln(1+x^2)}{\ln(1+x^4)}$；

$(12) \lim\limits_{x \to \infty} x(e^{\frac{1}{x}} - 1)$；

$(13) \lim\limits_{x \to 0} \left(\dfrac{1}{x} - \dfrac{1}{e^x - 1} \right)$；

$(14) \lim\limits_{x \to 0^+} \left[\dfrac{1}{x} - \dfrac{\ln(x+1)}{x^2} \right]$.

2. 设 $\lim\limits_{x \to 1} \dfrac{x^2 + mx + n}{x-1} = 5$，求常数 m,n 的值.

3. 求极限 $\lim\limits_{x \to \infty} \dfrac{x + \sin x}{x}$，说明此极限能否用洛必达法则求得.

15. 函数的单调性与极值

1. 求下列函数的单调区间与极值：

(1) $f(x) = 2x^3 - 6x^2 - 18x - 7$；

(2) $f(x) = x^3 - 3x$；

(3) $f(x) = (x^2 - 2x)e^x$；

(4) $f(x) = x - \ln x$.

2. 试证：方程 $\sin x = x$ 只有一个根.

3. 设 $y = 2x^2 + ax + 3$ 在点 $x = 1$ 处取得极小值,求 a 的值.

4. 用单调性证明不等式:$1 + \dfrac{1}{2}x > \sqrt{1+x}$, $x > 0$.

5. 用极值判定的第二充分条件求函数 $f(x) = x^3 + x^2 - x - 1$ 的极值.

16. 曲线的凹凸性与拐点

1. 讨论下列函数的凹凸性,并求曲线的拐点:

(1) $y = x^2 - x^3$;

(2) $y = \ln(x^2 + 1)$;

(3) $y = xe^{-x}$.

2. 当 a, b 为何值时,点 $(1, 3)$ 为曲线 $y = ax^3 + bx^2$ 的拐点?

3. 已知曲线 $f(x)=x^3+ax^2+bx+c$ 上有拐点 $(1,-1)$,且 $x=0$ 时曲线上的切线平行于 x 轴,试确定 a,b,c 的值.

4. 作出函数 $y=3x-x^3$ 的图形.

17. 函数的最值及应用

1. 求下列函数的最值：

(1) $f(x) = 2x^3 - 3x^2 - 80, -1 \leqslant x \leqslant 4$；

(2) $f(x) = x^2 e^{-x}, -4 \leqslant x \leqslant 4$；

(3) $f(x) = x + \sqrt{1-x}, -5 \leqslant x \leqslant 1$.

2. 某商品的需求量 Q 是价格 P 的函数 $Q = 75 - P^2$，问：P 为何值时，总收益最大？

3. 某工厂每天生产 x 台收音机的总成本为 $C(x)=\dfrac{1}{9}x^2+x+100$(元),该种收音机独家经营的市场规律为 $x=75-3P$,其中 P 是收音机的单价(元). 问:每天生产多少台时,所获利润最大? 此时每台收音机的价格为多少元?

4. 设某企业生产某种商品 x 单位时的总收益为 $R(x)=100x-x^2$(元),总成本函数为 $C(x)=200+50x+x^2$(元). 问:政府对企业每单位商品征收货物税为多少时,在企业获得最大利润的情况下,总税额最大?

18. 导数应用复习题

一、选择题

1. 若 $f'(x_0)=0$，则 x_0 一定是（   ）.

A. 极大值点   B. 极小值点   C. 最大值点   D. 不一定是极值点

2. 函数 $y=(x+1)^3$ 在区间 $(-1,2)$ 内（   ）.

A. 单调增加   B. 单调减少   C. 不增不减   D. 有增有减

3. 若两个函数 $f(x),g(x)$ 在区间 (a,b) 内各点的导数相等，则这两个函数在区间 (a,b) 内（   ）.

A. 不相等   B. 相等

C. 仅相差一个常数   D. 均为常数

4. $f'(x_0)=0, f''(x_0)>0$ 是函数 $y=f(x)$ 在点 $x=x_0$ 处有极值的一个（   ）.

A. 必要条件   B. 充分条件   C. 充要条件   D. 无关条件

5. 函数 $y=\sin\left(x+\dfrac{\pi}{2}\right)$ 在 $x\in[-\pi,\pi]$ 上的极大值点 $x_0=$（   ）.

A. π B. $-\pi$ C. $\dfrac{\pi}{2}$ D. 0

6. 下列极限中能使用洛必达法则的是（   ）.

A. $\lim\limits_{x\to\infty}\dfrac{\sin x}{x}$

B. $\lim\limits_{x\to\infty}\dfrac{x-\sin x}{x+\sin x}$

C. $\lim\limits_{x\to\frac{\pi}{2}}\dfrac{\tan 5x}{\sin 3x}$

D. $\lim\limits_{x\to+\infty}\dfrac{\ln(1+e^x)}{x}$

7. 当 $x<x_0$ 时 $f'(x)>0$，当 $x>x_0$ 时 $f'(x)<0$，则 x_0 必定为函数 $f(x)$ 的（   ）.

A. 驻点   B. 极大值点   C. 极小值点   D. 以上都不对

二、计算题

1. $\lim\limits_{x\to 1}\dfrac{x^{10}-1}{x^3-1}$.

2. $\lim\limits_{x\to\infty}x^2\left(1-\cos\dfrac{1}{x}\right)$.

3. $\lim\limits_{x \to 0}\left(\dfrac{1}{x} - \dfrac{\sin x}{x^2}\right).$ **4.** $\lim\limits_{x \to 0}\dfrac{e^x - e^{-x} - 2x}{x - \sin x}.$

三、解答题

1. 求函数 $y = x - \ln(1+x)$ 的单调区间和极值.

2. 确定函数 $f(x) = x^4 - 2x^3 + 1$ 的凹凸区间与拐点.

3. 试问 a 为何值时, $f(x) = a\sin x + \dfrac{1}{3}\sin 3x$ 在 $x = \dfrac{\pi}{3}$ 处取得极值?是极大值还是极小值?并求出此极值.

4. 证明：当 $x>0$ 时，$e^x>x+1$.

四、应用题

1. 假设某中空窗子的形状为一个矩形和一个半圆相接，其中半圆的直径 $2r$ 与矩形的一条边长相等，设窗子的周长为 10.

(1)将窗子的面积 S 表示为半径 r 的函数；　(2)当 r 为何值时，窗子的面积最大？

2. 欲围一个面积为 150 平方米的矩形场地，正面所用材料每米造价为 6 元，其余三面每米造价为 3 元.求场地的长和宽各为多少时，所用的材料费用最省？

3. 某工厂生产某种产品,固定成本为 200 元,每多生产一个单位产品成本增加 5 元,该产品的需求函数为 $Q=100-2P$. (1)当 Q 为多少时,工厂的总利润最大? (2)求 $P=10$ 时的需求价格弹性,并说明其经济含义.

4. 某名贵药材每周的销售量为 q 千克,每千克价格为 2000 元,总成本函数为
$$c(q)=100q^2+1300q+1000(元),$$
求:(1)不盈不亏的销售量;(2)可取得利润的销售量;(3)取得最大利润的销售量和最大利润;(4)平均成本最小的产量.

19. 不定积分的概念

1. $\int f(x)\mathrm{d}x$ 指的是 $f(x)$ 的（　　　）.

A. 某一个原函数 　　　　　　　 B. 所有原函数

C. 唯一的原函数 　　　　　　　 D. 任意一个原函数

2. 设 $f(x)$ 的一个原函数为 $\ln x$，则 $f'(x)=$（　　　）.

A. $\dfrac{1}{x}$ 　　　　　 B. $-\dfrac{1}{x^2}$ 　　　　　 C. $x\ln x$ 　　　　　 D. e^x

3. 在函数 $f(x)$ 的积分曲线族中，所有的曲线在横坐标相同的点处的切线（　　　）.

A. 平行于 x 轴 　　 B. 平行于 y 轴 　　 C. 相互平行 　　 D. 相互垂直

4. 设 $f(x)=\sin x+\cos x$，则 $\int f'(x)\mathrm{d}x=\underline{\hspace{3cm}}$，$\int f(x)\mathrm{d}x=\underline{\hspace{3cm}}$.

5. 计算下列不定积分：

(1) $\int (x^3-3^x+3)\mathrm{d}x$;

(2) $\int \left(3\cos x-\dfrac{5}{x}\right)\mathrm{d}x$;

(3) $\int \sqrt{x}(x^2-5)\mathrm{d}x$;

(4) $\int \dfrac{(1-x)^2}{\sqrt{x}}\mathrm{d}x$;

(5) $\int (x-1)^2\mathrm{d}x$;

(6) $\int \cos^2 \dfrac{x}{2}\mathrm{d}x$;

$(7) \int (2e^x - \sin x) dx;$

$(8) \int \dfrac{(e^x)^2 - 1}{e^x + 1} dx.$

6.解答下列各题:

(1)一平面曲线经过点(1,0),且曲线上任一点(x,y)处的切线斜率为 $2x-2$,求该曲线方程;

(2)已知动点在时刻 t 时的速度为 $v=3t-2$,且当 $t=0$ 时,$s=5$,求此动点的运动方程;

(3)某商品的需求量 Q 是价格 P 的函数,该商品的最大需求量为 1000(即 $P=0$ 时,$Q=1000$),已知需求量的变化率(边际需求)为 $Q'(P)=-1000\left(\dfrac{1}{3}\right)^P \ln 3$,求需求量与价格的函数关系.

20. 换元积分法

1. 在下列各式等号右端的空白处填入适当的系数,使等式成立:

(1) $1\mathrm{d}x = \underline{\hspace{2cm}} \mathrm{d}(7x-3)$；

(2) $x^3\mathrm{d}x = \underline{\hspace{2cm}} \mathrm{d}(3x^4-2)$；

(3) $\mathrm{e}^{2x}\mathrm{d}x = \underline{\hspace{2cm}} \mathrm{d}(\mathrm{e}^{2x})$；

(4) $\mathrm{e}^{-\frac{x}{2}}\mathrm{d}x = \underline{\hspace{2cm}} \mathrm{d}(1+\mathrm{e}^{-\frac{x}{2}})$；

(5) $\dfrac{\mathrm{d}x}{x} = \underline{\hspace{2cm}} \mathrm{d}(5\ln|x|)$；

(6) $\dfrac{\mathrm{d}x}{2x^2} = \underline{\hspace{2cm}} \mathrm{d}\left(\dfrac{1}{x}\right)$；

(7) $\sin 2x\mathrm{d}x = \underline{\hspace{2cm}} \mathrm{d}(\cos 2x)$；

(8) $\cos\left(\dfrac{2x}{3}-1\right)\mathrm{d}x = \underline{\hspace{2cm}} \mathrm{d}\sin\left(\dfrac{2x}{3}-1\right)$．

2. 求下列不定积分

(1) $\displaystyle\int (3-2x)^3\mathrm{d}x$；

(2) $\displaystyle\int \dfrac{1}{(2x+3)^2}\mathrm{d}x$；

(3) $\displaystyle\int \dfrac{\mathrm{d}x}{\sqrt{2-3x}}$；

(4) $\displaystyle\int x\sqrt{4x^2-1}\mathrm{d}x$；

(5) $\displaystyle\int \dfrac{x}{x^2+4}\mathrm{d}x$；

(6) $\displaystyle\int \mathrm{e}^x\cos \mathrm{e}^x\mathrm{d}x$；

$(7)\displaystyle\int\frac{\mathrm{e}^x}{\mathrm{e}^x+1}\mathrm{d}x;$

$(8)\displaystyle\int x\mathrm{e}^{-x^2}\mathrm{d}x;$

$(9)\displaystyle\int\sin(5-4x)\mathrm{d}x;$

$(10)\displaystyle\int\frac{\cos x}{\sin^2 x}\mathrm{d}x;$

$(11)\displaystyle\int\frac{1}{x^2}\sin\frac{1}{x}\mathrm{d}x;$

$(12)\displaystyle\int\frac{1}{x\ln x}\mathrm{d}x;$

$(13)\displaystyle\int\frac{1}{\sqrt{x}}\mathrm{e}^{\sqrt{x}}\mathrm{d}x;$

$(14)\displaystyle\int\frac{\mathrm{d}x}{(x+1)(x-2)};$

$(15)\displaystyle\int\frac{1}{\sqrt{2x-3}+1}\mathrm{d}x;$

$(16)\displaystyle\int x^2\sqrt{1-x}\,\mathrm{d}x.$

21. 分部积分法

1. 计算下列不定积分：

(1) $\displaystyle\int x\cos x\,\mathrm{d}x$；

(2) $\displaystyle\int x\sin x\,\mathrm{d}x$；

(3) $\displaystyle\int x^2\ln x\,\mathrm{d}x$；

(4) $\displaystyle\int \ln x\,\mathrm{d}x$；

(5) $\displaystyle\int x\mathrm{e}^{2x}\,\mathrm{d}x$；

(6) $\displaystyle\int x^2\mathrm{e}^x\,\mathrm{d}x$；

(7) $\displaystyle\int \ln^2 x\,\mathrm{d}x$；

(8) $\displaystyle\int \mathrm{e}^x\cos x\,\mathrm{d}x$.

2. 利用指定的变量代换求下列不定积分：

$(1) \int \sin \sqrt{x} \, dx;$ （令 $t = \sqrt{x}$）

$(2) \int \cos(\ln x) \, dx.$ （令 $t = \ln x$）

3. 设 $f(x)$ 的一个原函数是 $\dfrac{\ln x}{x^2}$，求 $\int x f'(x) \, dx.$

4. 设 $f(x) = e^{\sqrt{x}}$，求 $\int x f''(x) \, dx.$

22. 定积分概念与性质

1. 若 $f(x) = \int_0^{x^2} \ln(t^2+1)\,dt$，则 $f'(x) = ($ $)$.

A. $\ln(x^4+1)$ B. $\ln(x^2+1)$ C. $2x\ln(1+x^2)$ D. $2x\ln(1+x^4)$

2. 若 $\varphi(x) = \int_x^a t e^{-t}\,dt$（$a$ 为常数），则 $\varphi'(x) = ($ $)$.

A. $-xe^{-x}$ B. xe^{-x} C. $-e^{-x}+ae^{-a}$ D. $e^{-x}-ae^{-a}$

3. 函数 $f(x) = \int_0^x (t^2-1)\,dt$ （   ）.

A. 在 $x=1$ 有极大值，在 $x=-1$ 有极小值

B. 在 $x=1$ 有极小值，在 $x=-1$ 有极大值

C. 在 $x=1$ 有极大值，在 $x=-1$ 有极大值

D. 在 $x=1$ 有极小值，在 $x=-1$ 有极小值

4. 设 $f(x) = \int_x^1 \cos t\,dt$，则 $df(x) = ($ $)$.

A. $\cos x\,dx$ B. $-\cos x\,dx$ C. $\sin x\,dx$ D. $-\sin x\,dx$

5. 设 $f(x) = \int_0^{\sin x} \sqrt{1-t^2}\,dt$，则 $f'\left(\dfrac{\pi}{4}\right) = ($ $)$.

A. $\dfrac{1}{2}$ B. $-\dfrac{1}{2}$ C. $\dfrac{\sqrt{2}}{2}$ D. 1

6. 若 $\int_0^1 (3x+k)\,dx = 1$，则 $k = ($ $)$.

A. $-\dfrac{1}{2}$ B. $\dfrac{1}{2}$ C. 2 D. -2

7. 利用定积分的几何意义求下列定积分的值：

(1) $\int_0^1 3x\,dx$；   (2) $\int_{-1}^1 x\,dx$；

(3) $\int_{-\pi}^{\pi} \sin x\,dx$；   (4) $\int_{-1}^1 \sqrt{1-x^2}\,dx$.

8. 计算下列定积分：

(1) $\displaystyle\int_0^\pi (2-3\sin x)\mathrm{d}x$；

(2) $\displaystyle\int_1^4 (\sqrt{x}+x^2)\mathrm{d}x$；

(3) $\displaystyle\int_0^1 (2^x+x^2)\mathrm{d}x$；

(4) $\displaystyle\int_4^9 \sqrt{x}(1+\sqrt{x})\mathrm{d}x$；

(5) $\displaystyle\int_0^2 x|x-1|\mathrm{d}x$；

(6) $\displaystyle\int_0^{2\pi} |\sin x|\mathrm{d}x$；

(7) $f(x)=\begin{cases} x^2, & 0\leqslant x\leqslant 1, \\ 2-x, & 1<x\leqslant 2, \end{cases}$ 求 $\displaystyle\int_0^2 f(x)\mathrm{d}x$.

9. 求下列极限：

(1) $\displaystyle\lim_{x\to 0}\frac{\displaystyle\int_0^x \tan t\,\mathrm{d}t}{x^2}$；

(2) $\displaystyle\lim_{x\to 0}\frac{\displaystyle\int_0^{2x} \sin 3t\,\mathrm{d}t}{\ln(1-2x)}$.

23. 定积分的计算

1. 计算下列定积分：

(1) $\displaystyle\int_0^2 \frac{x}{1+x^2}\mathrm{d}x$；

(2) $\displaystyle\int_0^{\frac{\pi}{2}} \sin 2x\,\mathrm{d}x$；

(3) $\displaystyle\int_{-1}^1 \frac{\mathrm{e}^x}{1+\mathrm{e}^x}\mathrm{d}x$；

(4) $\displaystyle\int_1^2 \frac{1}{x^2}\mathrm{e}^{\frac{1}{x}}\mathrm{d}x$；

(5) $\displaystyle\int_0^1 \sqrt{1+x}\,\mathrm{d}x$；

(6) $\displaystyle\int_0^{\frac{\pi}{2}} \sin x \cos^2 x\,\mathrm{d}x$；

(7) $\displaystyle\int_0^1 x\sqrt{1-x^2}\,\mathrm{d}x$；

(8) $\displaystyle\int_1^{\mathrm{e}} \frac{1+\ln x}{x}\mathrm{d}x$；

(9) $\displaystyle\int_0^1 x\mathrm{e}^{x^2}\,\mathrm{d}x$；

(10) $\displaystyle\int_1^4 \frac{1}{\sqrt{x}}\mathrm{e}^{\sqrt{x}}\mathrm{d}x$；

(11) $\displaystyle\int_{1}^{e^{2}} \dfrac{1}{x\sqrt{1+\ln x}}\mathrm{d}x$;

(12) $\displaystyle\int_{-2}^{1} \dfrac{\mathrm{d}x}{(9+4x)^{3}}$;

(13) $\displaystyle\int_{-2}^{-1} \dfrac{\mathrm{d}x}{x^{2}+4x+5}$;

(14) $\displaystyle\int_{1}^{4} \dfrac{\mathrm{d}x}{1+\sqrt{x}}$;

(15) $\displaystyle\int_{0}^{1} x\mathrm{e}^{x}\mathrm{d}x$;

(16) $\displaystyle\int_{1}^{e} x\ln x\mathrm{d}x$;

(17) $\displaystyle\int_{0}^{\frac{\pi}{2}} x\sin x\mathrm{d}x$;

(18) $\displaystyle\int_{0}^{\ln 3} x\mathrm{e}^{-x}\mathrm{d}x$;

(19) $\displaystyle\int_{0}^{\frac{\pi}{2}} x^{2}\sin x\mathrm{d}x$;

(20) $\displaystyle\int_{1}^{4} \mathrm{e}^{\sqrt{x}}\mathrm{d}x$.

2. 已知 $f(2) = \dfrac{1}{2}, f'(2) = 0, \displaystyle\int_0^2 f(x)\mathrm{d}x = 1$，求 $\displaystyle\int_0^2 x^2 f''(x)\mathrm{d}x.$

3. 证明题：

(1) 试证：$\displaystyle\int_0^1 x^m (1-x)^n \mathrm{d}x = \int_0^1 x^n (1-x)^m \mathrm{d}x$；

(2) 设函数 $f(x)$ 在 $[0,1]$ 上连续，若 $f(1) = a, f'(1) = 3a, a \neq 0$，且 $\displaystyle\int_0^1 f(x)\mathrm{d}x = 0$. 试证：$\displaystyle\int_0^1 x f'(x)\mathrm{d}x = a, \int_0^1 x^2 f''(x)\mathrm{d}x = a$；

(3) 设函数 $f(x) = x^2 - \displaystyle\int_0^a f(x)\mathrm{d}x, a \neq -1$，试证：$\displaystyle\int_0^a f(x)\mathrm{d}x = \dfrac{a^3}{3(a+1)}.$

24.定积分的几何应用

1. 求由下列各曲线所围成图形的面积：

(1)由曲线 $y＝3－x^2$ 与直线 $y＝2x$ 所围成的图形；

(2)由曲线 $y＝e^x$ 与直线 $y＝e$ 及 y 轴所围成的图形；

(3)由曲线 $y＝e^x，y＝e^{-x}$ 与 $x＝1$ 所围成的图形；

(4)由曲线 $y＝\dfrac{1}{x}$ 与直线 $y＝x$ 及 $x＝2$ 所围成的图形；

（5）由曲线 $xy=1$ 与直线 $y=4x,x=2,y=0$ 所围成的图形.

2. 求由下列曲线围成的平面图形绕指定轴旋转而成的旋转体的体积：

（1）由 $y=x^3,x=2,x$ 轴所围平面图形绕 x 轴旋转一周的体积；

（2）由 $y=x^2,x=y^2$ 所围平面图形绕 x 轴旋转一周的体积.

25. 定积分的经济应用

1. 已知生产某产品的固定成本为 2000，边际成本函数为
$$MC = 3Q^2 - 118Q + 1315,$$
试确定总成本函数.

2. 生产某产品，其边际收益函数为
$$MR = 200 - \frac{Q}{50},$$
试求：(1)总收益函数；　　　　(2)求生产 200 个单位时的总收益；
(3)若已经生产了 200 个单位，求再生产 200 个单位时的总收益.

3. 每天生产某产品的固定成本为 20 万元，产品的销售价格 $P = 18$ 万元/吨，边际成本函数为
$$MC = 0.4Q + 2 \quad (万元/吨)，$$
试求：(1)总成本函数；　　　　(2)总利润函数；
(3)每天生产多少吨产品可获得最大利润？最大利润是多少？

4. 给定需求函数为 $P = 50 - Q_D^2$,给定供给函数为 $P = 10 + 3Q_S$,在完全竞争的假设下,求消费者剩余和生产者剩余.

5. 如果现有某连续资金流 $A(t) = 800t^{\frac{1}{3}}$.计算:
(1)从第一年末到第八年末的资金总量;
(2)资金总量不低于48600所需要的年份.

6. 假设某国某年的洛伦兹曲线近似可由 $y = x^3, x \in [0, 1]$ 表示,求该国的基尼系数.

26. 微分方程

1. 验证 $y = \sin 2t$ 满足微分方程 $\dfrac{\mathrm{d}^2 y}{\mathrm{d}t^2} + 4y = 0$.

2. 求微分方程 $y' = \mathrm{e}^{2x-y}$ 的通解.

3. 求微分方程 $y'y + x\mathrm{e}^y = 0, y(1) = 0$ 的特解.

4. 求微分方程 $(x^2 + y^2)\mathrm{d}x - xy\mathrm{d}y = 0$ 的通解.

5. 求微分方程 $y' = 2y + x^2$ 的通解.

6. 求微分方程 $y'-3y=\mathrm{e}^{2x}$ 的通解.

7. 求微分方程 $y'+\dfrac{y}{x}=\dfrac{\sin x}{x}$ 满足初始条件 $y(\pi)=1$ 的特解.

8. 某商品的需求量 Q 对价格 P 的弹性为 $-P\ln 5$,若该商品的最大需求量为 2500 (即当 $P=0$ 时,$Q=2500$,价格单位为元,需求单位为千克).试求:

(1)需求量 Q 与价格 P 的函数关系;

(2)价格为 1 元时,市场对该商品的需求量;

(3)当 $P\to+\infty$ 时,需求量的变化趋势.

27. 广义积分

1. 判断下列广义积分的敛散性,若收敛,则求其值:

(1) $\int_1^{+\infty} \dfrac{dx}{x^4}$;

(2) $\int_1^{+\infty} \dfrac{dx}{\sqrt{x}}$;

(3) $\int_0^{+\infty} e^{-ax}dx \quad (a>0)$;

(4) $\int_0^{+\infty} \cos x\,dx$;

(5) $\int_0^1 \ln x\,dx$;

(6) $\int_0^e \dfrac{\ln^2 x}{x}dx$;

(7) $\int_0^2 \dfrac{dx}{(1-x)^2}$;

(8) $\int_0^1 \dfrac{x\,dx}{\sqrt{1-x^2}}$.

2. 当 k 为何值时,广义积分 $\int_2^{+\infty} \dfrac{dx}{x(\ln x)^k}$ 收敛?当 k 为何值时,该广义积分发散?

28. 积分复习题

一、单项选择题

1. 如果函数 $F(x)$ 是函数 $f(x)$ 的一个原函数，则（　　）.

A. $\int F(x)\mathrm{d}x = f(x) + C$　　　　　　　B. $\int F'(x)\mathrm{d}x = f(x) + C$

C. $\int f(x)\mathrm{d}x = F(x) + C$　　　　　　　D. $\int f'(x)\mathrm{d}x = F(x) + C$

2. $\left[\int f(x)\mathrm{d}x\right]' = $（　　）.

A. $f'(x)$　　　　　B. $\int f'(x)\mathrm{d}x$　　　　　C. $f(x) + C$　　　　　D. $f(x)$

3. $\int \cos(1-2x)\mathrm{d}x = $（　　）.

A. $-\dfrac{1}{2}\sin(1-2x) + C$　　　　　　B. $\dfrac{1}{2}\sin(1-2x) + C$

C. $-\sin(1-2x) + C$　　　　　　D. $\sin(1-2x) + C$

4. 由定积分的几何意义知，定积分 $\int_{-1}^{1} \sqrt{1-x^2}\,\mathrm{d}x = $（　　）.

A. 0　　　　　　B. π　　　　　　C. 1　　　　　　D. $\dfrac{\pi}{2}$

5. 以下定积分其值为负数的是（　　）.

A. $\int_{0}^{\frac{\pi}{2}} \sin x\,\mathrm{d}x$　　　B. $\int_{\frac{\pi}{2}}^{\pi} \sin x\,\mathrm{d}x$　　　C. $\int_{0}^{1} x^3\,\mathrm{d}x$　　　D. $\int_{-\frac{\pi}{2}}^{0} \sin x\,\mathrm{d}x$

6. 设某产品总产量的变化率为 $P = P(t)$，则从 $t = a$ 时刻到 $t = b$ 时刻的总产量 $P = $（　　）.

A. $\int_{0}^{a} P(t)\mathrm{d}t$　　　B. $\int_{0}^{b} P(t)\mathrm{d}t$　　　C. $\int_{a}^{b} P(t)\mathrm{d}t$　　　D. $\int_{b}^{a} P(t)\mathrm{d}t$

7. 设 $f(x) = \begin{cases} x^2, & x > 0, \\ x, & x \leqslant 0, \end{cases}$ 则 $\int_{-1}^{1} f(x)\mathrm{d}x = $（　　）.

A. $2\int_{-1}^{0} x\mathrm{d}x$　　　　　　B. $2\int_{0}^{1} x^2\mathrm{d}x$

C. $\int_{0}^{1} x^2\mathrm{d}x + \int_{-1}^{0} x\mathrm{d}x$　　　　　　D. $\int_{0}^{1} x\mathrm{d}x + \int_{-1}^{0} x^2\mathrm{d}x$

8. 若函数 $f(x) = \dfrac{\mathrm{d}}{\mathrm{d}x}\int_{0}^{x} x\cos t\mathrm{d}t$，则 $f(x) = $（　　）.

A. $x\sin x$　　　　　　　　B. $x\cos x$

C. $\sin x + x\cos x$　　　　　　D. 0

9. $\dfrac{\mathrm{d}}{\mathrm{d}x}\displaystyle\int_{x^3}^{2}(1+t^2)\mathrm{d}t = (\qquad)$.

A. 5 B. $1+x^6$ C. $-(1+x^6)$ D. $-3x^2(1+x^6)$

二、计算下列积分

1. $\displaystyle\int \dfrac{\sqrt{\ln x}}{x}\mathrm{d}x$.

2. $\displaystyle\int \dfrac{x}{\sqrt{1-2x^2}}\mathrm{d}x$.

3. $\displaystyle\int \dfrac{\ln^3 x}{x}\mathrm{d}x$.

4. $\displaystyle\int x\sin x^2\,\mathrm{d}x$.

5. $\displaystyle\int \cos\sqrt{x}\,\mathrm{d}x$.

6. $\displaystyle\int \dfrac{\ln(\sin x)}{\cos^2 x}\mathrm{d}x$.

7. $\displaystyle\int_1^e \ln x\,\mathrm{d}x$.

8. $\displaystyle\int_1^2 \dfrac{1}{x^2}\sin\dfrac{1}{x}\mathrm{d}x$.

9. $\displaystyle\int_0^{\frac{\pi}{2}} x\cos x\,\mathrm{d}x$.

10. $\displaystyle\int_0^{\pi} |\cos x|\,\mathrm{d}x$.

三、应用题

1. 求由曲线 $y=x^2$ 与直线 $y=3x-2$ 所围图形的面积.

2. 求由曲线 $y=e^x$，$x=0$ 及 $x=2$，$y=0$ 所围平面图形绕 x 轴旋转一周所得旋转体的体积.

3. 设某产品总成本的变化率为 $C'(x)=4+\dfrac{x}{4}$，总收入的变化率为 $R'(x)=8-x$，成本与收入的单位为万元，产品的单位为百台. 试求：

(1) 产量由 1 百台增加到 3 百台时，总成本和总收入各增加多少？

(2) 产量为多少时，总利润最大？

29. 偏导数和全微分

1. 求下列各函数的一阶偏导数：

(1) $z = x^3 + 3x^2 y - xy^3$;

(2) $z = e^{xy} + xy^2$;

(3) $z = \sin(xy) + \cos^2(xy)$;

(4) $z = \dfrac{x+y}{x-y}$.

2. 已知 $f(x, y) = e^{-\sin x}(x + 2y)$，求 $f_x(0, 1), f_y(0, 1)$.

3. 求函数 $z = x^{2y}$ 的二阶编导数 $\dfrac{\partial^2 z}{\partial x^2}, \dfrac{\partial^2 z}{\partial x \partial y}, \dfrac{\partial^2 z}{\partial y^2}$.

4. 设 $z = 2\cos^2\left(x - \dfrac{y}{2}\right)$，证明：$2\dfrac{\partial^2 z}{\partial y^2} + \dfrac{\partial^2 z}{\partial x \partial y} = 0$.

5. 求下列函数的全微分：

(1) $z = x^2 y^3 - e^{xy}$；　　　　　　　　　　(2) $z = e^{\frac{y}{x}}$.

6. 计算函数 $z = \ln(2 + x^2 + y^2)$ 在点 $(1, 2)$ 处的全微分.

7. 求函数 $z = x^2 y + y^2$ 的全微分，并求在点 $(2, 1)$ 处当 $\Delta x = 0.1, \Delta y = -0.2$ 时的全增量.

30. 偏导数和全微分的应用

1. 给定需求函数

$$Q = 100 - 2P + P_A + 0.1Y,$$

其中,$P = 10$ 为商品自身的价格,$P_A = 12$ 为其他商品的价格,$Y = 1000$ 为消费者的收入,求:

(1)需求的价格弹性;　　　　　　　　(2)需求的交叉弹性;

(3)需求的收入弹性;　　　　　　　　(4)其他商品是替代品还是互补品?

2. 给定需求函数

$$Q = 500 - 3P - 2P_A + 0.01Y,$$

其中,$P = 20$ 为商品自身的价格,$P_A = 30$ 为其他商品的价格,$Y = 5000$ 为消费者的收入,求:

(1)需求的价格弹性;　　　(2)需求的交叉弹性;　　　(3)需求的收入弹性.

如果收入上升 5%,计算相应的需求百分比变化. 你认为该商品是优质的还是低质的?

3. 如果一个人的效用函数为

$$U = 1000x_1 + 450x_2 + 5x_1x_2 - 2x_1^2 - x_2^2,$$

其中，x_1 是每周以小时计算的闲暇量，x_2 是每周以美元计算的收入.

(1)当 $x_1 = 138$，$x_2 = 500$ 时，确定边际效用 $\dfrac{\partial U}{\partial x_1}$，$\dfrac{\partial U}{\partial x_2}$ 的值；

(2)如果这个人每周额外工作 1 小时，则每周增加 15 美元的收入，试估计效用的变化.

4. 给定效用函数

$$U = (x_1)^{\frac{1}{2}}(x_2)^{\frac{1}{2}}.$$

(1)当 $x_1 = 300$，$x_2 = 500$ 时，求总效用；

(2)当 $x_1 = 300$，$x_2 = 500$ 时，求边际效用值；

(3)当 x_1 减少 3 个单位，为维持现有的效用水平，x_2 应增加几个单位？

31. 多元函数的极值

1. 求下列函数的极值:

$(1)z = x^3 - 4x^2 + 2xy - y^2 + 3$;

$(2)z = x^3 + y^2 - 6xy - 39x + 18y + 18$;

$(3)z = e^{2x}(x + y^2 + 2y)$.

2. 设 q_1 为商品 A 的需求量, q_2 为商品 B 的需求量, 其需求函数分别为 $q_1 = 16 - 2p_1 + 4p_2$, $q_2 = 20 + 4p_1 - 10p_2$, 总成本函数为 $C = 3q_1 + 2q_2$, 其中 p_1, p_2 为商品 A 和 B 的价格. 试问: 价格 p_1, p_2 取何值时, 可使总利润最大?

3. 设销售收入 R(单位: 万元)与花费在两种广告宣传上的费用 x, y(单位: 万元)之间的关系为 $R = \dfrac{200x}{x+5} + \dfrac{100y}{10+y}$, 利润额相当于 $1/5$ 的销售收入, 并要扣除广告费用. 已知广告费用总预算为 25 万元, 试问如何分配两种广告费用从而使利润最大?

32. 二重积分

1. 根据二重积分的性质,比较下列积分的大小:

(1) $I_1 = \iint\limits_{D}(x+y)^2 d\sigma$ 与 $I_2 = \iint\limits_{D}(x+y)^3 d\sigma$,其中积分区域 D 由 x 轴、y 轴与直线 $x+y=1$ 所围成;

(2) $I_1 = \iint\limits_{D}\ln(x+y)d\sigma$ 与 $I_2 = \iint\limits_{D}[\ln(x+y)]^2 d\sigma$,其中积分区域 $D = \{(x,y) \mid 3 \leqslant x \leqslant 5, 0 \leqslant y \leqslant 1\}$.

2. 将二重积分 $I = \iint\limits_{D}f(x,y)d\sigma$ 转化为累次积分(分别列出对两个变量先后次序不同的两个累次积分),其中积分区域 D 是:

(1) 由曲线 $y = \ln x$、直线 $x = 2$ 及 x 轴所围成的闭区域;

(2) 由抛物线 $y = x^2$ 与直线 $2x + y = 3$ 所围成的闭区域.

3. 改变下列二次积分的积分次序：

(1) $\displaystyle\int_0^1 \mathrm{d}y \int_y^{\sqrt{y}} f(x,y)\mathrm{d}x$;

(2) $\displaystyle\int_0^1 \mathrm{d}y \int_{e^y}^{e} f(x,y)\mathrm{d}x$;

(3) $\displaystyle\int_1^2 \mathrm{d}x \int_{2-x}^{\sqrt{2x-x^2}} f(x,y)\mathrm{d}y$;

(4) $\displaystyle\int_0^1 \mathrm{d}x \int_0^{1-x} f(x,y)\mathrm{d}y$.

4. 计算下列二重积分：

(1) $\displaystyle\iint_D (x^2+y^2)\mathrm{d}\sigma$，其中 D 是矩形闭区域：$|x|\leqslant 1,|y|\leqslant 1$；

(2) $\displaystyle\iint_D xy\mathrm{e}^{x^2+y^2}\mathrm{d}\sigma$，其中 $D=\{(x,y)\,|\,a\leqslant x\leqslant b,c\leqslant y\leqslant d\}$；

(3) $\displaystyle\iint_D x\sqrt{y}\,\mathrm{d}\sigma$，其中 D 是由两条抛物线 $y=\sqrt{x}$，$y=x^2$ 所围成的闭区域；

(4) $\displaystyle\iint_D x\cos(x+y)\mathrm{d}\sigma$，其中 D 是顶点分别是 $(0,0)$，$(\pi,0)$ 和 (π,π) 的三角形闭区域.

// 提高题 //

1 基础理论部分提高题

参考答案

一、选择题

1. 若 $\varphi(t)=t^3+1$，则 $\varphi(t^3+1)=($　　$)$.

A. t^3+1

B. t^6+2

C. t^9+2

D. $t^9+3t^6+3t^3+2$

2. 设函数 $f(x)=\ln(3x+1)+\sqrt{5-2x}+\arcsin x$ 的定义域是($　$).

A. $\left(-\dfrac{1}{3},\dfrac{5}{2}\right)$　　B. $\left(-1,\dfrac{5}{2}\right)$　　C. $\left(-\dfrac{1}{3},1\right]$　　D. $(-1,1)$

3. 下列函数中，$f(x)$ 与 $g(x)$ 相等的是($　$).

A. $f(x)=x^2,g(x)=\sqrt{x^4}$

B. $f(x)=x,g(x)=(\sqrt{x})^2$

C. $f(x)=\dfrac{\sqrt{x-1}}{\sqrt{x+1}},g(x)=\sqrt{\dfrac{x-1}{x+1}}$

D. $f(x)=\dfrac{x^2-1}{x-1},g(x)=x+1$

4. 下列函数中为奇函数的是($　$).

A. $y=\dfrac{\sin x}{x^2}$

B. $y=xe^{-\frac{2}{x}}$

C. $\dfrac{2^x-2^{-x}}{2}\sin x$

D. $y=x^2\cos x+x\sin x$

5. 若函数 $f(x)=|x|$，$-2<x<2$，则 $f(x-1)$ 的值域为($　$).

A. $[0,2)$　　B. $[0,3)$　　C. $[0,2]$　　D. $[0,3]$

6. 设函数 $f(x)=e^x,x\neq0$，那么 $f(x_1)\cdot f(x_2)$ 为($　$).

A. $f(x_1)+f(x_2)$

B. $f(x_1+x_2)$

C. $f(x_1x_2)$

D. $f\left(\dfrac{x_1}{x_2}\right)$

7. 函数 $y=10^{x-1}-2$ 的反函数是($　$).

A. $y=\lg\dfrac{x}{x-2}$

B. $y=\log_x 2$

C. $y=\log_2\dfrac{1}{x}$

D. $y=1+\lg(x+2)$

8. 设函数 $f(x)=\begin{cases} a^x, & x\text{ 是有理数,} \\ 0, & x\text{ 是无理数,} \end{cases}$ $0<a<1$，则($　$).

A. 当 $x\to+\infty$ 时，$f(x)$ 是无穷大

B. 当 $x\to+\infty$ 时，$f(x)$ 是无穷小

C. 当 $x\to-\infty$ 时，$f(x)$ 是无穷大

D. 当 $x\to-\infty$ 时，$f(x)$ 是无穷小

9. 设 $f(x)$ 在 **R** 上有定义,函数 $f(x)$ 在点 x_0 处的左、右极限都存在且相等是函数 $f(x)$ 在点 x_0 连续的(   ).

    A. 充分条件   B. 充分且必要条件

    C. 必要条件   D. 非充分也非必要条件

10. 若函数 $f(x)=\begin{cases} x^2+a, & x\geq 1, \\ \cos \pi x, & x<1, \end{cases}$ 在 **R** 上连续,则 a 的值为(   ).

    A. 0   B. 1

    C. -1 D. -2

11. 若 a,b 为实数,且 $a\neq b$,$f(x)=\begin{cases} \dfrac{1-e^x}{ax}, & x>0, \\ b, & x\leq 0, \end{cases}$ 在 $x=0$ 处连续,则 $ab=$(   ).

    A. 2   B. 1

    C. $\dfrac{1}{2}$ D. -1

12. 若函数 $f(x)$ 在某点 x_0 处极限存在,则(   ).

    A. $f(x)$ 在点 x_0 处的函数值必存在且等于极限值

    B. $f(x)$ 在点 x_0 处的函数值必存在,但不一定等于极限值

    C. $f(x)$ 在点 x_0 处的函数值可以不存在

    D. 如果 $f(x_0)$ 存在的话,必等于极限值

13. 设函数 $f(x)$ 满足 $\lim\limits_{x\to x_0} f(x)=1$,则下列结论中不可能成立的是(   ).

    A. 在 x_0 附近恒有 $f(x)<\dfrac{3}{2}$ **B.** $f(x_0)=2$

    C. 在 x_0 附近恒有 $f(x)<\dfrac{2}{3}$ D. $f(x_0)=1$

14. 数列 $0,\dfrac{1}{3},\dfrac{2}{4},\dfrac{3}{5},\dfrac{4}{6},\cdots$ 是(   ).

    A. 以 0 为极限   B. 以 1 为极限

    C. 以 $\dfrac{n-2}{n}$ 为极限   D. 不存在极限

15. $\lim\limits_{x\to\infty} x\sin\dfrac{1}{x}=$(   ).

    A. ∞ B. 不存在   C. 1   D. 0

16. $\lim\limits_{x\to\infty}\left(1-\dfrac{1}{x}\right)^{2x}=$(   ).

    A. e^{-2} B. ∞ C. 0   D. $\dfrac{1}{2}$

17. 无穷小量是（ 　）.

　　A. 比零稍大一点的一个数　　　　　　B. 一个很小很小的数

　　C. 以零为极限的一个变量　　　　　　D. 数零

18. 设 α,β 是非零实数，若 $\lim\limits_{x\to 0}\dfrac{\sqrt{1-2x}-1}{\mathrm{e}^{\alpha x}-1}=\beta$，则（ 　）.

　　A. $\alpha\beta=1$　　　　　　　　　　　B. $\alpha\beta=-1$

　　C. $\alpha\beta=2$　　　　　　　　　　　D. $\alpha\beta=-2$

19. 设函数 $f(x)=\mathrm{e}^{x-1}+ax,g(x)=\ln x^b,h(x)=\sin\pi x$，当 $x\to 1$ 时，$f(x)$ 是 $g(x)$ 的高阶无穷小，$g(x)$ 与 $h(x)$ 是等价无穷小，则（ 　）.

　　A. $a=\pi-1,b=-\pi$　　　　　　　　B. $a=-1,b=-\pi$

　　C. $a=\pi-1,b=\pi$　　　　　　　　　D. $a=-1,b=\pi$

20. 若 $f(x)=\sqrt{1+x^2}-1,g(x)=\ln\dfrac{1+x}{1-x},h(x)=x^2+1,w(x)=\dfrac{\sin^2 x}{x}$，在 $x\to 0$ 时 x 的等价无穷小是（ 　）.

　　A. $g(x)h(x)$　　　　　　　　　　　B. $f(x)h(x)$

　　C. $g(x)w(x)$　　　　　　　　　　　D. $h(x)w(x)$

二、填空题

1. 设 $f(x)=\begin{cases}2^x, & -1\leqslant x<0,\\ 2, & 0\leqslant x<1,\\ x-1, & 1\leqslant x\leqslant 3,\end{cases}$　则 $f(x)$ 的定义域为 _____ ，$f(0)=$ _____ ，$f(1)=$ _____ .

2. 已知函数 $y=f(x)$ 的定义域是 $[0,1]$，则 $f(x^2)$ 的定义域是 _____ .

3. 若 $f(x)=\dfrac{1}{1-x}$，则 $f[f(x)]=$ _____ ，$f\{f[f(x)]\}=$ _____ .

4. 设 $f\left(\dfrac{1}{x}\right)=x+\sqrt{1+x^2}$，则 $f(x)=$ _____ .

5. $\lim\limits_{n\to\infty}\dfrac{1+\dfrac{1}{2}+\dfrac{1}{4}+\cdots+\dfrac{1}{2^n}}{1+\dfrac{1}{3}+\dfrac{1}{9}+\cdots+\dfrac{1}{3^n}}=$ _____ .

6. 函数 $f(x)=\begin{cases}x, & x<1,\\ x-1, & 1\leqslant x<2,\\ 3-x, & x\geqslant 2\end{cases}$ 的不连续点为 _____ .

7. 函数 $f(x)=\dfrac{1}{x^2-1}$ 的连续区间是 _____ .

三、解答题

1. 下列函数中哪些是偶函数,哪些是奇函数,哪些既非奇函数又非偶函数?

(1) $y=x^2(1-x^2)$；

(2) $y=\dfrac{1-x^2}{1+x^2}$；

(3) $y=x(x-1)(x+1)$；

(4) $y=\dfrac{a^x+a^{-x}}{2}$.

2. 若 $f(t)=2t^2+\dfrac{2}{t^2}+\dfrac{5}{t}+5t$,证明：$f(t)=f\left(\dfrac{1}{t}\right)$.

3. 若 $\lim\limits_{x\to\infty}\left(\dfrac{x^2}{x+1}-ax+b\right)=0$,其中 a,b 均为常数,求 a,b 的值.

4. 已知函数 $f(x) = \begin{cases} \dfrac{e^{\sin x} - 1}{\tan \dfrac{x}{2}}, & x > 0, \\ a e^{2x}, & x \leqslant 0 \end{cases}$ 在 $x = 0$ 处连续,求未知参数 a 的值.

5. 设 $f(x) = \begin{cases} e^{-x}, & x < 1, \\ a, & x \geqslant 1, \end{cases}$ $g(x) = \begin{cases} b, & x < 0, \\ e^x, & x \geqslant 0, \end{cases}$ 且 $f(x) + g(x)$ 在 $(-\infty, +\infty)$ 内处处连续,求 a, b 的值.

6. 函数 $f(x)$ 在 $[0, 2a]$,连续,$a > 0$,且 $f(0) = f(2a)$,证明在 $[0, a]$ 上至少存在一点,使方程 $f(x) = f(x + a)$ 成立.

四、计算题

1. $\lim\limits_{n\to\infty}(\sqrt{n+3}-\sqrt{n})\sqrt{n-1}.$

2. $\lim\limits_{x\to\infty}\dfrac{(2x-3)^{20}(3x+2)^{30}}{(5x+1)^{50}}.$

3. $\lim\limits_{x\to1}\dfrac{x^2-1}{3x^2-x-2}.$

4. $\lim\limits_{x\to+\infty}\dfrac{1+\sqrt{x}}{1-\sqrt{x}}.$

5. $\lim\limits_{x\to-\infty}\dfrac{x-\cos x}{x-7}.$

6. $\lim\limits_{x\to1}\left(\dfrac{1}{1-x}-\dfrac{3}{1-x^3}\right).$

7. $\lim\limits_{x\to0}\dfrac{1-\cos 2x}{x\sin x}.$

8. $\lim\limits_{h\to0}\dfrac{(x+h)^2-x^2}{h}.$

9. $\lim\limits_{x\to0}\left(\dfrac{1+x}{1-x}\right)^{\frac{1}{x}}.$

10. $\lim\limits_{x\to+\infty}(\sqrt{x^2+x}-\sqrt{x^2-x}).$

2 一元函数导数与微分提高题

参考答案

一、选择题

1. 已知 $y=f(x)$ 在点 $x=0$ 处可导,则 $\lim\limits_{x\to 0}\dfrac{f(2x)-f(0)}{x}=$ (   ).

A. $f'(0)$ B. $2f'(0)$ C. $\dfrac{1}{2}f'(0)$ D. 不存在

2. 函数 $f(x)$ 可导,$f'(2)=3$,则 $\lim\limits_{x\to 0}\dfrac{f(2-x)-f(2)}{3x}=$ (   ).

A. -1 B. 0 C. 1 D. 2

3. 设 $f(x)$ 在 x 处可导,a,b 为常数,则 $\lim\limits_{\Delta x\to 0}\dfrac{f(x+a\Delta x)-f(x-b\Delta x)}{\Delta x}=$ (   ).

A. $f'(x)$ B. $(a+b)f'(x)$

C. $(a-b)f'(x)$ D. $\dfrac{a+b}{2}f'(x)$

4. 函数在点 x_0 处连续是在该点 x_0 处可导的 (   ).
A. 充分但不是必要条件   B. 必要但不是充分条件
C. 充分必要条件   D. 既非充分也非必要条件

5. 设函数 $f(x)$ 可导,$F(x)=f(x)(1+|\sin x|)$,则 $f(0)=0$ 是 $F(x)$ 在 $x=0$ 处可导的(   ).
A. 充分必要条件   B. 充分但非必要条件
C. 必要但非充分条件   D. 既非充分又非必要条件

6. 设曲线 $y=x^2+x-2$ 在点 M 处的切线斜率为 3,则点 M 的坐标为 (   ).
A. $(0,1)$ B. $(1,0)$ C. $(0,0)$ D. $(1,1)$

7. 已知直线 $y=kx$ 是曲线 $y=\mathrm{e}^x$ 的切线,则对应切点的坐标为(   ).
A. $(k\mathrm{e},\mathrm{e}^{k\mathrm{e}})$ B. $(\mathrm{e},1)$ C. $(\mathrm{e},\mathrm{e}^{\mathrm{e}})$ D. $(1,\mathrm{e})$

8. 设函数 $y=f(x)$ 由 $y+x\mathrm{e}^{xy}=1$ 确定,则曲线 $y=f(x)$ 在点 $(0,f(0))$ 处的切线方程是(   ).
A. $x+y=1$ B. $x+y=-1$ C. $x-y=1$ D. $x-y=-1$

9. 已知曲线 $y=f(x)$ 在点 $(0,f(x))$ 处的切线方程是 $2x-y=1$,则(   ).

A. $\lim\limits_{x\to 0}\dfrac{f(x)-1}{x}=2$ B. $\lim\limits_{x\to 0}\dfrac{f(x)+1}{x}=2$

C. $\lim\limits_{x\to 0}\dfrac{f(x)-1}{x}=-2$ D. $\lim\limits_{x\to 0}\dfrac{f(x)+1}{x}=-2$

10. 设函数 $f(x)=|\sin x|$,则 $f(x)$ 在 $x=0$ 处( ).

A. 不连续   B. 连续,但不可导

C. 可导,但不连续   D. 可导,且导数也连续

11. 设函数 $f(x)$ 有连续二阶导数,且 $f(0)=0,f'(0)=1,f''(0)=-2$,则有 $\lim\limits_{x\to 0}\dfrac{f(x)-x}{x^2}=$( ).

A. 不存在   B. 0   C. -1 D. -2

12. 已知函数 $f(x)=\begin{cases}1+x^2, & x\leqslant 0,\\ 1-\cos x, & x>0,\end{cases}$ 则以下结论不正确的是( ).

A. $f'_+(0)=0$ B. $\lim\limits_{x\to 0^+}f'(x)=0$

C. $\lim\limits_{x\to 0^-}f'(x)=0$ D. $\lim\limits_{x\to 0^+}f(x)=0$

13. 已知函数 $f(x)$ 可导,且 $f(1)=1,f'(1)=2$,设 $g(x)=f(f(1+3x))$,则 $g'(0)=$( ).

A. 6   B. 3   C. 4   D. 12

14. 设可导函数 f,g,h 满足 $f(x)=g(h(x))$,且 $f'(2)=2,g'(2)=2,h(2)=2$,则 $h'(2)=$( ).

A. $\dfrac{1}{4}$ B. $\dfrac{1}{2}$ C. 1   D. 2

15. 设函数 $y=y(x)$ 由方程 $x\cos y+y-2=0$ 确定,则 $y'=$( ).

A. $\dfrac{\cos y}{x\sin y+1}$ B. $\dfrac{\cos y}{x\sin y-1}$

C. $\dfrac{\sin y}{x\cos y+1}$ D. $\dfrac{\sin y}{x\cos y-1}$

16. 设函数 $y=f(x)$ 由 $e^y+xy=e+1$ 确定,则 $y''(1)=$( ).

A. $\dfrac{1}{(e+1)^2}$ B. $-\dfrac{3e+2}{(e+1)^2}$ C. $-\dfrac{3e+2}{(e+1)^3}$ D. $\dfrac{e+2}{(e+1)^3}$

17. 设函数 $f(x)$ 满足 $f(x+\Delta x)-f(x)=2x\Delta x+o(\Delta x),\Delta x\to 0$,则有 $f(3)-f(1)=$( ).

A. 9   B. 6   C. 8   D. 4

18. 函数 $y=\ln(1+2x^2)$,则 $\mathrm{d}y|_{x=0}=$( ).

A. 0   B. 1   C. $\mathrm{d}x$ D. $2\mathrm{d}x$

19. 设函数 $f(u)$ 可导,且 $f'(1)=0.5$,则 $y=f(x^2)$ 在 $x=-1$ 处的微分 $\mathrm{d}y|_{x=-1}=$( ).

A. $-\mathrm{d}x$ B. 0   C. $\mathrm{d}x$ D. $2\mathrm{d}x$

20. 已知 $f(x)$ 可导,$f'(0)=3,g(x)=f(4x^2+2x)$,则 $\mathrm{d}g(x)|_{x=0}=$( ).

A. 0   B. $2\mathrm{d}x$ C. $3\mathrm{d}x$ D. $6\mathrm{d}x$

二、填空题

1. 已知 $y=x^2-x$,计算在 $x=2$ 处:

(1) 当 $\Delta x=0.1$ 时,$\Delta y=$ _____,$\mathrm{d}y=$ _____;

(2) 当 $\Delta x=0.001$ 时,$\Delta y=$ _____,$\mathrm{d}y=$ _____.

2. 曲线 $y=x^3$ 在点 $(a,a^3)(a\neq0)$ 处的切线与 x 轴、直线 $x=a$ 所围成的三角形的面积为 $\dfrac{1}{6}$,则 $a=$ _____.

3. 当 $a=$ _____时,两曲线 $y=ax^2$,$y=\ln x$ 相切,切线方程是 _____.

4. 一点沿直线运动,如果由始点起经过 t 秒后的位移是 $S=\dfrac{1}{4}t^4-\dfrac{3}{5}t^3+2t^2$,那么速度为零的时刻是 _____.

5. 填空,使下列式子成立:

(1) $\mathrm{d}(2\theta^2\sin\theta)=$ _____;

(2) $\mathrm{d}(\ln(\cos\sqrt{x}))=$ _____ $\mathrm{d}\sqrt{x}$;

(3) $\mathrm{d}(\ln^2(1-x))=$ _____;

(4) $\dfrac{\mathrm{d}(\sin x)}{\mathrm{d}(\cos x)}=$ _____;

(5) $\dfrac{\mathrm{d}^2}{\mathrm{d}x^2}\left(\dfrac{\sin x}{x}\right)=$ _____;

(6) $\dfrac{\mathrm{d}^3}{\mathrm{d}x^3}(x^3-2x^6+x^9)=$ _____.

三、计算题

1. 求下列函数的导数:

(1) $y=\mathrm{e}^{ax}\sin bx$;

(2) $y=\ln(x+\sqrt{x^2+a^2})$;

(3) $y=\tan\dfrac{x+1}{x-1}$;

(4) $y=\left(\dfrac{x}{1+x}\right)^x$;

(5) $y = \ln \dfrac{1+\sqrt{x}}{1-\sqrt{x}}$.

2. 求下列隐函数的导数：

(1) $y\sin x - \cos(x+y) = 0$；

(2) 设函数 $y = y(x)$ 由方程 $y\sin x - \cos(x-y) = 0$ 确定，试求 $\dfrac{\mathrm{d}y}{\mathrm{d}x}\bigg|_{\substack{x=0 \\ y=\frac{\pi}{2}}}$ 。

(3) 已知 $e^y + xy = e$，求 $y''(0)$；

(4) 设函数 $y = f(x)$ 由方程 $\ln(x+y) = xy$ 确定，求 $\dfrac{\mathrm{d}y}{\mathrm{d}x}\bigg|_{x=0}$；

(5) 已知 $x^y = y^x$，求 $\dfrac{\mathrm{d}y}{\mathrm{d}x}\bigg|_{x=1}$.

3. 求下列函数的高阶导数：

(1) 已知 $y=x^a$，求 $y^{(n)}$；　　　　　　　　(2) 已知 $y=\ln\left(\dfrac{1+t}{1-t}\right)$，求 $y^{(n)}$.

四、解答题

1. 已知函数 $f(x)$ 在 $x=2$ 的某邻域内可导，且 $f'(x)=\mathrm{e}^{f(x)}$，$f(2)=1$，求 $f'''(2)$.

2. 给定函数 $f(x)=x^3+2x-4$，$g(x)=f(f(x))$，求 $g'(0)$.

3. 设函数 $f(x)$ 在 $x=0$ 点连续，且 $\lim\limits_{x\to 0}\dfrac{f(x)+3}{x}=2$. 问：函数 $f(x)$ 在 $x=0$ 点处是否可导？若可导，求 $f'(0)$.

4. 已知函数 $f(x)$ 在 $x=0$ 的某邻域内为连续函数，且 $\lim\limits_{x\to 0}\left[\dfrac{\sin x}{x}+\dfrac{f(x)}{x}\right]=2$. 试求：$f(0)$，$f'(0)$.

5. 试确定常数 a,b 之值，使函数 $f(x)=\begin{cases}b(1+\sin x)+a+2, & x\geqslant 0,\\ \mathrm{e}^{ax}-1, & x<0\end{cases}$ 处处可导.

6. 已知函数 $f(x)=\begin{cases}x, & x\leqslant 0,\\ \dfrac{a+b\cos x}{x}, & x>0\end{cases}$ 在 $x=0$ 处可导，求 a,b.

3 **一元函数导数与微分应用提高题**

参考答案

一、选择题

1. $x=0$ 是函数 $f(x)=e^{x^2+x}$ 的(　　).

A. 零点 　　　　 B. 驻点 　　　　 C. 极值点 　　　　 D. 非极值点

2. 已知 $x=1$ 是函数 $y=x^3+ax^2$ 的驻点,则常数 $a=($　　).

A. 0 　　　　 B. 1 　　　　 C. $-\dfrac{3}{2}$ 　　　　 D. $\dfrac{3}{2}$

3. 已知 $y=f(x)$ 是由方程 $xy-x^2=1$ 确定的函数,则 $y=f(x)$ 的驻点为(　　).

A. 0 　　　　 B. -1 　　　　 C. 1 　　　　 D. ±1

4. 已知 $y=f(x)$ 是由 $x^2y^2+y=1(y>0)$ 确定的,则 $y=f(x)$ 的驻点为(　　).

A. $x=0$ 　　　　 B. -1 　　　　 C. $x=0,1$ 　　　　 D. 不存在

5. 设 $y=x^2+ax+b$,已知当 $x=2$ 时,y 取得极小值 -3,则(　　).

A. $a=1,b=0$ 　　　　　　　　　　 B. $a=-4,b=1$

C. $a=1,b=1$ 　　　　　　　　　　 D. $a=-4,b=0$

6. 函数 $f(x)=x^3+6x^2+9x$,那么(　　).

A. $x=-1$ 为 $f(x)$ 的极大值点 　　　　 B. $x=-1$ 为 $f(x)$ 的极小值点

C. $x=1$ 为 $f(x)$ 的极大值点 　　　　 D. $x=1$ 为 $f(x)$ 的极小值点

7. 设函数 $f(x)$ 在区间 (a,b) 内有 $f'(x)<0$ 且 $f''(x)<0$,则 $y=f(x)$ 在 (a,b) 内(　　).

A. 单调增加,图像上凹 　　　　　　 B. 单调增加,图像下凹

C. 单调减少,图像上凹 　　　　　　 D. 单调减少,图像下凹

8. 设函数 $f(x),g(x)$ 在区间 $[a,b]$ 上均可导且函数值、导数值均恒负(其中 $a<b$),若 $f'(x)g(x)-f(x)g'(x)<0$,则当 $x\in(a,b)$ 时,以下不等式成立的是(　　).

A. $\dfrac{f(x)}{g(x)}>\dfrac{f(a)}{g(a)}$ 　　　　　　 B. $\dfrac{f(x)}{g(x)}<\dfrac{f(b)}{g(b)}$

C. $f(x)g(x)>f(a)g(a)$ 　　　　 D. $f(x)g(x)>f(b)g(b)$

9. 求极限 $\lim\limits_{x\to0}\left(\dfrac{1}{x}-\dfrac{1}{e^x-1}\right)=($　　).

A. 0 　　　　 B. $\dfrac{1}{2}$ 　　　　 C. 1 　　　　 D. $\dfrac{3}{2}$

10. 设函数 $f(x)=x\sin x+\cos x$,下列命题正确的是(　　).

A. $f(0)$ 是极大值,$f\left(\dfrac{\pi}{2}\right)$ 是极小值 　　　　 B. $f(0)$ 是极小值,$f\left(\dfrac{\pi}{2}\right)$ 是极大值

C. $f(0)$ 是极大值，$f\left(\dfrac{\pi}{2}\right)$ 也是极大值   D. $f(0)$ 是极小值，$f\left(\dfrac{\pi}{2}\right)$ 也是极小值

11. $\lim\limits_{x\to 0}(x^2+x+\mathrm{e}^x)^{\frac{1}{x}}=$（   ）.

A. e   B. 1   C. $\sqrt{e}$ D. e^2

12. 方程 $x^5-5x+1=0$ 的不同实根的个数为（   ）.

A. 4   B. 2   C. 3   D. 1

13. 方程 $x^3-3x+1=0$ 在区间 $(-\infty,+\infty)$ 内（   ）.

A. 无实根   B. 有唯一实根   C. 有两个实根   D. 有三个实根

14. 设实数 a,b 满足 $\lim\limits_{x\to -1}\dfrac{3x^2+ax+b}{x+1}=4$，则（   ）.

A. $a=7,b=4$ B. $a=10,b=7$ C. $a=4,b=7$ D. $a=10,b=6$

15. 函数 $f(x)=(x^2-3)\mathrm{e}^x$ 的（   ）.

A. 最大值是 $6\mathrm{e}^{-3}$ B. 最小值是 $-2e$

C. 递减区间是 $(-\infty,0)$ D. 递增区间是 $(0,+\infty)$

16. 设函数 $f(x)$ 在区间 $(-1,1)$ 内有定义，且 $\lim\limits_{x\to 0}\dfrac{f(x)}{1-\cos x}=1$，给出以下四个结论：

①$f(0)=0$；   ②$f'(0)=0$；   ③$\lim\limits_{x\to 0}\dfrac{f(x)}{x}=0$；   ④$\lim\limits_{x\to 0}\dfrac{f(x)}{x^2}=2$.

其中结论正确的个数是（   ）.

A. 0   B. 1   C. 2   D. 3

17. 设函数 $f(x)$ 在区间 (a,b) 内单调，则在 (a,b) 内（   ）.

A. $\dfrac{f(x)}{x-a}$ 不是单调函数   B. $\dfrac{f(x)}{x-a}$ 与 $f(x)$ 的单调性相同

C. $\dfrac{f(x)}{x-a}$ 与 $f(x)$ 的单调性相反   D. $f(x)$ 可能有第一类间断点

18. 函数 $f(x)=(x^2-3x+3)\mathrm{e}^x-\dfrac{1}{3}x^3+\dfrac{1}{2}x^2+\alpha$ 有两个零点的充分必要条件是（   ）.

A. $\alpha+\mathrm{e}<-\dfrac{1}{6}$ B. $\alpha+\mathrm{e}<\dfrac{1}{6}$ C. $\alpha+\mathrm{e}>-\dfrac{1}{6}$ D. $\alpha+\mathrm{e}>\dfrac{1}{6}$

19. 已知函数 $f(x)=\mathrm{e}^x\ln(x+1)$，$a,b$ 满足 $a>b>0$，则（   ）.

A. $f(a+b)>f(a)+f(b)$ B. $f(a-b)>f(a)-f(b)$

C. $f\left(\dfrac{a+b}{2}\right)>\dfrac{f(a)+f(b)}{2}$ D. $f\left(\dfrac{a}{b}\right)>\dfrac{f(a)}{f(b)}$

20. 函数 $f(x)=\dfrac{1}{2}\mathrm{e}^x(\sin x+\cos x)$ 在区间 $\left[0,\dfrac{\pi}{2}\right]$ 上的值域为（   ）.

A. $\left[\dfrac{1}{2},\dfrac{1}{2}\mathrm{e}^{\frac{\pi}{2}}\right]$ B. $\left(\dfrac{1}{2},\dfrac{1}{2}\mathrm{e}^{\frac{\pi}{2}}\right)$ C. $\left[1,\mathrm{e}^{\frac{\pi}{2}}\right]$ D. $\left(1,\mathrm{e}^{\frac{\pi}{2}}\right)$

二、计算题

1. 求下列函数的单调区间与极值:

(1) $f(x) = (x-1)^2(x+1)^2$;

(2) $f(x) = 2x^3 + 3x^2 - 12x + 1$;

(3) $y = x^4 - 2x^3 + 1$;

(4) $y = \dfrac{1}{4}x^4 - 2x^3 + \dfrac{5}{2}x^2 - 11$;

(5) $y = \dfrac{x^3}{(x-1)^2}$.

2. 设函数 $f(x)=ax^3+bx^2+x$ 在 $x=1$ 处取得极大值 5,求常数 a 和 b.

3. 已知极限 $\lim\limits_{x\to\infty}\left(\dfrac{x^2+1}{x+1}-ax-b\right)=0$,求常数 a 和 b.

4. 求极限 $\lim\limits_{x\to0}\dfrac{e^x+e^{-x}-2}{1-\cos x}$.

5. 求极限 $\lim\limits_{x\to0}\left[\dfrac{1}{x}-\dfrac{1}{\ln(1+x)}\right]$.

6. 求极限 $\lim\limits_{x\to0}\left(\dfrac{1+x}{1-e^{-x}}-\dfrac{1}{x}\right)$.

三、解答题

1. 已知函数 $f(x)=ax^3+bx^2-3x$ 在 $x=\pm1$ 处取得极值.

(1) 讨论 $f(1)$ 和 $f(-1)$ 是函数 $f(x)$ 的极大值还是极小值;

(2) 过点 $A(0,16)$ 作曲线 $y=f(x)$ 的切线,求此切线方程.

2. 已知某种产品的需求函数为 $P=10-\dfrac{Q}{5}$,成本函数为 $C=50+2Q$,求产量 Q 为多少时总利润最大?

3. 用半径为 R 的圆形铁皮剪出一个圆心角为 α 的扇形,制成一个圆锥形容器.问:扇形的圆心角 α 多大时,容器的容积最大?

4 一元函数积分学提高题

一、选择题

1. 已知函数 $(x+1)^2$ 为 $f(x)$ 的一个原函数,则下列函数中是 $f(x)$ 的原函数的是( ).

A. x^2-1 B. x^2+1 C. x^2-2x D. x^2+2x

2. 已知 $\int e^x f(x)\mathrm{d}x = e^x \sin x + C$,则 $\int f(x)\mathrm{d}x = ($).

A. $\sin x + C$ B. $\cos x + C$

C. $-\cos x + \sin x + C$ D. $\cos x + \sin x + C$

3. 若函数 $\dfrac{\ln x}{x}$ 为 $f(x)$ 的一个原函数,则不定积分 $\int x f'(x)\mathrm{d}x = ($).

A. $\dfrac{1-\ln x}{x}+C$ B. $\dfrac{1+\ln x}{x}+C$

C. $\dfrac{1-2\ln x}{x}+C$ D. $\dfrac{1+2\ln x}{x}+C$

4. 已知函数 $f(x)$ 在 $(-\infty,+\infty)$ 内可导,且恒有 $f'(x)=0$,又有 $f(-1)=1$,则函数 $f(x)=($).

A. -1 B. 1 C. 0 D. x

5. 设 $f(x)$ 的一个原函数为 10^x,则 $f'(x)=($).

A. 10^x B. $10^x \cdot \ln 10$

C. $10^x \cdot (\ln 10)^2$ D. $10^x \cdot (\ln 10)^3$

6. 不定积分 $\int x\sqrt{1-x^2}\,\mathrm{d}x = ($).

A. $\sqrt{1-x^2}+C$ B. $-\dfrac{1}{3}\sqrt{(1-x^2)^3}+C$

C. $x\sqrt{1-x^2}+C$ D. $-\dfrac{1}{3}x\sqrt{(1-x^2)^3}+C$

7. 不定积分 $\int \sin x\cos x\,\mathrm{d}x$ 不等于( ).

A. $\dfrac{1}{2}\sin^2 x + C$ B. $\dfrac{1}{2}\sin^2 2x + C$

C. $-\dfrac{1}{4}\cos 2x + C$ D. $-\dfrac{1}{2}\cos^2 x + C$

8. 已知 $F'(x) = f(x)$，则下述式子中一定正确的是（　　）.

A. $\int f(x)\mathrm{d}x = F(x) + 2C$ 　　　　B. $\int f(x)\mathrm{d}x = F(x)$

C. $\int F(x)\mathrm{d}x = f(x) + C$ 　　　　D. $\int F(x)\mathrm{d}x = f(x)$

9. 已知 $\mathrm{d}(x\ln x) = f(x)\mathrm{d}x$，则 $\int f(x)\mathrm{d}x = $（　　）.

A. $x\ln x$ 　　　　B. $1 + \ln x$

C. $x\ln x + C$ 　　　　D. $x^2 + C$

10. 已知 $x + \dfrac{1}{x}$ 是 $f(x)$ 的一个原函数，则 $\int xf(x)\mathrm{d}x = $（　　）.

A. $\dfrac{1}{2}x^2 - \ln|x|$ 　　　　B. $x - \ln|x| + C$

C. $C - \ln|x|$ 　　　　D. $\dfrac{1}{2}x^2 - \ln|x| + C$

11. 设函数 $f(x)$ 满足 $\int e^{-x}f(x)\mathrm{d}x = xe^{-x} + C$，则 $\int f(x)\mathrm{d}x = $（　　）.

A. $x - \dfrac{x^2}{2} + C$ 　　　　B. $e^{-x} + xe^{-x} + C$

C. $x - \dfrac{x^2}{2}$ 　　　　D. $e^{-x} + xe^{-x}$

12. 设函数 $F(x)$ 和 $G(x)$ 都是 $f(x)$ 的原函数，则以下结论中不正确的是（　　）.

A. $\int f(x)\mathrm{d}x = \dfrac{F(x) + 2G(x)}{3} + C$ 　　　　B. $\int f(x)\mathrm{d}x = G(x) + C$

C. $\int f(x)\mathrm{d}x = \dfrac{F(x) + G(x)}{2} + C$ 　　　　D. $\int f(x)\mathrm{d}x = F(x) + G(x) + C$

13. 设 $I = \int_0^{\frac{\pi}{4}} \ln\sin x\,\mathrm{d}x$，$J = \int_0^{\frac{\pi}{4}} \ln\cos x\,\mathrm{d}x$，则 I,J 的大小关系是（　　）.

A. $I < J$ 　　　　B. $I > J$ 　　　　C. $I \leqslant J$ 　　　　D. $I \geqslant J$

14. 设 $I = \int_0^a x^3 f(x^2)\mathrm{d}x$，$a > 0$，则（　　）.

A. $I = \int_0^{a^2} xf(x)\mathrm{d}x$ 　　　　B. $I = \int_0^a xf(x)\mathrm{d}x$

C. $I = \dfrac{1}{2}\int_0^{a^2} xf(x)\mathrm{d}x$ 　　　　D. $I = \dfrac{1}{2}\int_0^a xf(x)\mathrm{d}x$

15. 设 $F(x) = \int_0^x \dfrac{\sin t}{t}\mathrm{d}t$，则 $F'(0) = $（　　）.

A. 0 　　　　B. 1 　　　　C. 2 　　　　D. 3

16. 设 $f(x) = e^x + x^3\int_0^1 f(x)\mathrm{d}x$，则 $\int_0^1 f(x)\mathrm{d}x = $（　　）.

A. 0 　　　　B. $\dfrac{4}{3}(e-1)$ 　　　　C. $\dfrac{4}{3}$ 　　　　D. e

17. 定积分 $\int_{-\frac{\pi}{2}}^{\frac{\pi}{2}} \sin^{99} x \mathrm{d}x = ($ $)$.

A. 0 B. -1 C. 1 D. $\frac{\pi}{2}$

18. $\dfrac{\mathrm{d}}{\mathrm{d}x} \int_0^{x^2} \sin t \mathrm{d}t = ($ $)$.

A. $\sin x$ B. $\sin x^2$ C. $2x\sin x^2$ D. $2x\cos x^2$

19. 已知 $\int_{-1}^3 f(x)\mathrm{d}x = 3, \int_0^3 f(x)\mathrm{d}x = 2$, 则 $\int_0^{-1} f(x)\mathrm{d}x = ($ $)$.

A. -1 B. 0 C. 1 D. 2

20. 设 $F(x) = \int_0^{\sin x} \ln(1+t)\mathrm{d}t$, 则 $F'(x) = ($ $)$.

A. $\ln(1+x)$ B. $\ln(1+\sin x)$

C. $\sin x \cdot \ln(1+\sin x)$ D. $\cos x \cdot \ln(1+\sin x)$

21. 已知 $F(x)$ 是 $f(x)$ 的一个原函数, 则 $\int_a^x f(t+a)\mathrm{d}t = ($ $)$.

A. $F(x) - F(a)$ B. $F(t) - F(a)$

C. $F(x+a) - F(x-a)$ D. $F(x+a) - F(2a)$

22. $\int_1^5 \mathrm{e}^{\sqrt{2x-1}}\mathrm{d}x = ($ $)$.

A. e^3 B. $2\mathrm{e}^3$ C. $3\mathrm{e}^3$ D. $4\mathrm{e}^3$

23. 设函数 $f(x) = \int_{x^2}^0 x\cos t^2 \mathrm{d}t$, 则 $f'(x) = ($ $)$.

A. $-2x^2\cos x^4$ B. $\int_{x^2}^0 \cos t^2 \mathrm{d}t - 2x^2\cos x^4$

C. $\int_0^{x^2} \cos t^2 \mathrm{d}t - 2x^2\cos x^4$ D. $\int_{x^2}^0 \cos t^2 \mathrm{d}t$

24. $\int_{-1}^1 (x + \sqrt{1-x^2})^2 \mathrm{d}x = ($ $)$.

A. 0 B. 1 C. 2 D. $\frac{\pi}{2}$

25. 已知连续函数 $f(\theta)$ 满足 $F(x) = \int_x^{\mathrm{e}^{-x}} f(\theta)\mathrm{d}\theta$, 则 $F'(x) = ($ $)$.

A. $\mathrm{e}^{-x}f(\mathrm{e}^{-x}) + f(x)$ B. $-\mathrm{e}^{-x}f(\mathrm{e}^{-x}) + f(x)$

C. $\mathrm{e}^{-x}f(\mathrm{e}^{-x}) - f(x)$ D. $-\mathrm{e}^{-x}f(\mathrm{e}^{-x}) - f(x)$

26. 设函数 $f(x) = \begin{cases} x\mathrm{e}^{x^2}, & -\dfrac{1}{2} \leqslant x < \dfrac{1}{2}, \\ -1, & x > \dfrac{1}{2}, \end{cases}$ 则 $\int_{-\frac{1}{2}}^{\frac{3}{2}} f(x)\mathrm{d}x = ($ $)$.

A. -1 B. 0 C. 1 D. 2

27. $\displaystyle\int_{-1}^{1}(x^3\cos x + x^2 e^{x^3})\,\mathrm{d}x = ($ $)$.

A. $\dfrac{e - e^{-1}}{2}$ B. $\dfrac{e - e^{-1}}{3}$ C. $\dfrac{e^{-1} - e}{3}$ D. 0

28. $\displaystyle\lim_{x\to 0}\frac{\displaystyle\int_0^{x^2}(e^{t^2}-1)\,\mathrm{d}t}{x^6} = ($ $)$.

A. $\dfrac{1}{3}$ B. ∞ C. $\dfrac{1}{6}$ D. 0

29. 设平面有界区域 D 由曲线 $y = x\sqrt{|x|}$ 与 x 轴和直线 $x = a$ 围成,若 D 绕 x 轴旋转所成旋转体的体积等于 4π,则 $a = ($ $)$.

A. 4   B. -2 C. 2 或 -2 D. 2

30. 函数 $y = f(x)$ 在区间 $[0,a]$ 上有连续导数,则定积分 $\displaystyle\int_0^a xf'(x)\,\mathrm{d}x$ 在几何上表示 $($ $)$.

A. 曲边梯形的面积   B. 梯形的面积
C. 曲边三角形的面积   D. 三角形的面积

31. 设 $I = \displaystyle\int_0^1 x\ln 2\,\mathrm{d}x$,$J = \displaystyle\int_0^1(e^x - 1)\,\mathrm{d}x$,$K = \displaystyle\int_0^1 \ln(1+x)\,\mathrm{d}x$,则 $($ $)$.

A. $K < J < I$ B. $I < K < J$
C. $K < I < J$ D. $I < J < K$

32. 连续函数 $f(x)$ 满足 $\displaystyle\int_0^{2x} f(t)\,\mathrm{d}t = e^x - 1$,则 $f(1) = ($ $)$.

A. e B. $\dfrac{e}{2}$ C. $\sqrt{e}$ D. $\dfrac{\sqrt{e}}{2}$

33. 已知变量 y 关于 x 的变化率等于 $\dfrac{10}{(x+1)^2} + 1$,当 x 从 1 变到 9 时,y 的改变量是$($ $)$.

A. 8   B. 10   C. 12   D. 14

34. 设非负函数 $f(x)$ 二阶可导,且 $f''(x) > 0$,则$($ $)$.

A. $\displaystyle\int_0^2 f(x)\,\mathrm{d}x < f(0) + f(2)$ B. $\displaystyle\int_0^2 f(x)\,\mathrm{d}x < f(0) + f(1)$

C. $\displaystyle\int_0^2 f(x)\,\mathrm{d}x < f(1) + f(2)$ D. $2f(1) > f(0) + f(2)$

35. 设平面有界区域 D 由曲线 $y = x\ln^2 x\,(x \geqslant 1)$ 与直线 $x = e$ 及 x 轴围成,则 D 的面积为$($ $)$.

A. $\dfrac{e^2+1}{2}$ B. $\dfrac{e^2}{2}$ C. $\dfrac{e^2+1}{4}$ D. $\dfrac{e^2-1}{4}$

二、填空题

1. 函数 2^x 为 ＿＿＿＿＿＿＿＿ 的一个原函数.

2. 已知一阶导数 $\left(\int f(x)\mathrm{d}x\right)' = \sqrt{1+x^2}$,则 $f'(1) =$ ＿＿＿＿＿＿＿＿.

3. 不定积分 $\int \cos x\,\mathrm{d}(\mathrm{e}^{\cos x}) =$ ＿＿＿＿＿＿＿＿.

4. $\int_{-4}^{4} \dfrac{x}{x^4+1}\mathrm{d}x =$ ＿＿＿＿＿＿＿＿.

5. $\int_{-4}^{4} \sqrt{16-x^2}\,\mathrm{d}x =$ ＿＿＿＿＿＿＿＿.

6. 若 $\int_{-\infty}^{0} \mathrm{e}^{ax}\,\mathrm{d}x = \dfrac{1}{2}$,则 $a =$ ＿＿＿＿.

7. 求曲线 $y = \int_{\frac{\pi}{2}}^{x} \dfrac{\sin t}{t}\mathrm{d}t$ 在 $x = \dfrac{\pi}{2}$ 处的切线方程为 ＿＿＿＿＿＿＿＿＿.

8. 设函数 $F(x) = \int_{0}^{x} t\cos^2 t\,\mathrm{d}t$,则 $F'\left(\dfrac{\pi}{4}\right) =$ ＿＿＿＿.

9. $\dfrac{\mathrm{d}}{\mathrm{d}x}\int_{2x}^{3x} \sin t^2\,\mathrm{d}t =$ ＿＿＿＿＿＿＿＿.

10. 已知 $f(x) = \begin{cases} cx^2, & 0 \leqslant x \leqslant 1, \\ 0, & \text{其他}, \end{cases}$ 若 $\int_{-\infty}^{+\infty} f(x)\,\mathrm{d}x = 1$,则常数 $c =$ ＿＿＿＿.

三、计算题

1. $\lim\limits_{x \to +\infty} \dfrac{\left(\int_{0}^{x} \mathrm{e}^{t^2}\,\mathrm{d}t\right)^2}{\int_{0}^{x} \mathrm{e}^{2t^2}\,\mathrm{d}t}$.

2. $\int \cos(\ln x)\,\mathrm{d}x$.

3. $\int x^3 \mathrm{e}^{x^2}\,\mathrm{d}x$.

4. $\int x\cos(2-3x^2)\,\mathrm{d}x$.

5. $\int e^{\sqrt{x}}\,\mathrm{d}x.$

6. $\int e^x (1+e^x)^a\,\mathrm{d}x.$

7. $\int \dfrac{\arctan x}{x^2(1+x^2)}\,\mathrm{d}x.$

8. $\int \dfrac{(x+1)^2}{\sqrt{x}}\,\mathrm{d}x.$

9. $\int_0^{\ln 2} \sqrt{1-e^{-2x}}\,\mathrm{d}x.$

10. $\int_{-2}^{2} \min\left\{ \dfrac{1}{|x|}, x^2 \right\}\mathrm{d}x.$

11. $\int_0^1 \dfrac{\mathrm{d}x}{x^2+5x+6}.$

12. $\int_1^e \dfrac{\sqrt{1+\ln x}}{x}\,\mathrm{d}x.$

13. $\int_0^1 e^{\sqrt{3x+1}} dx$.

14. $\int_0^8 \frac{1}{1+\sqrt[3]{x}} dx$.

15. $\int_1^4 \frac{\ln x}{\sqrt{x}} dx$.

16. $\int_{-1}^1 (2x+|x|+1)^2 dx$.

四、解答题

1. 已知 $\lim\limits_{x\to\infty} \left(\frac{x-a}{x+a}\right)^x = \int_0^{+\infty} x^2 e^{-x} dx$，求 a 的值.

2. 已知 $f(x)$ 在 $(-\infty, +\infty)$ 内连续且 $f(0)=4$，求 $\lim\limits_{x\to 0} \dfrac{\int_0^x f(t)(x-t)dt}{x^2}$.

3. 设 $f(x) = \int_1^x e^{-t^2} dt$，求 $\int_0^1 f(x)dx$.

4. 已知函数 $f(x)$ 的原函数为 $\dfrac{\sin x}{x}$，求 $\displaystyle\int_{\frac{\pi}{2}}^{\pi} xf'(x)\mathrm{d}x$.

5. 已知 $f(2)=2,\displaystyle\int_{0}^{2}f(x)\mathrm{d}x=4$，求 $\displaystyle\int_{0}^{2}xf'(x)\mathrm{d}x$.

6. 设 $f(x)=\displaystyle\int_{1}^{x^2}\mathrm{e}^{-t^2}\mathrm{d}t$，求 $\displaystyle\int_{0}^{1}xf(x)\mathrm{d}x$.

7. 如图所示，曲线 C 的方程为 $y=f(x)$，点 $(3,2)$ 是它的一个拐点，直线 l_1,l_2 分别是曲线 C 在点 $(0,0)$ 与点 $(3,2)$ 处的切线，其交点为 $(2,4)$. 设函数 $f(x)$ 是三阶连续导数，计算 $\displaystyle\int_{0}^{3}(x^2+x)f'''(x)\mathrm{d}x$.

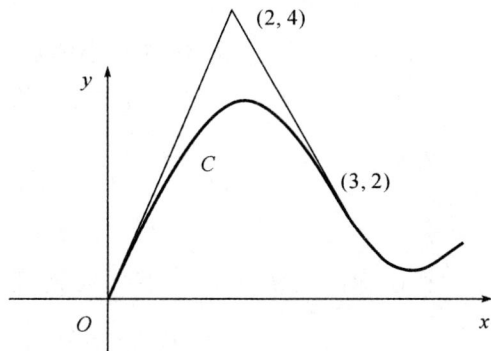

5 多元函数微积分提高题

参考答案

一、选择题

1. 已知 $f(x+y,x-y)=x^2-y^2$ 对于任意的 x 和 y 都成立,则 $\dfrac{\partial f(x,y)}{\partial x}+\dfrac{\partial f(x,y)}{\partial y}=$ ( ).

A. $2x-2y$ B. $2x+2y$ C. $x+y$ D. $x-y$

2. 设 $z=1+xy-\sqrt{x^2+y^2}$,则 $\dfrac{\partial z}{\partial x}\Big|_{(3,4)}=$ ( ).

A. $\dfrac{17}{5}$ B. $\dfrac{11}{5}$ C. $\dfrac{7}{5}$ D. $\dfrac{1}{5}$

3. 已知函数 $f(x,y)=\ln(1+x^2+3y^2)$,则在点 $(1,1)$ 处 ( ).

A. $\dfrac{\partial f}{\partial x}=\sqrt{3}\dfrac{\partial f}{\partial y}$ B. $\dfrac{\partial f}{\partial x}=3\dfrac{\partial f}{\partial y}$ C. $3\dfrac{\partial f}{\partial x}=\dfrac{\partial f}{\partial y}$ D. $\dfrac{\partial f}{\partial x}=\dfrac{\partial f}{\partial y}$

4. 已知函数 $f(x,y)=xy\mathrm{e}^{x^2}$,则 $x\dfrac{\partial f}{\partial x}-y\dfrac{\partial f}{\partial y}=$ ( ).

A. 0 B. $f(x,y)$ C. $2xf(x,y)$ D. $2x^2f(x,y)$

5. 设函数 $z=z(x,y)$ 由方程 $xyz+\mathrm{e}^{x+2y+3z}=1$ 确定,则 $\mathrm{d}z\big|_{(0,0)}=$ ( ).

A. $-\dfrac{1}{2}\mathrm{d}x-\mathrm{d}y$ B. $-\mathrm{d}x-\mathrm{d}y$

C. $\dfrac{1}{2}\mathrm{d}x+\mathrm{d}y$ D. $-\dfrac{1}{3}\mathrm{d}x-\dfrac{2}{3}\mathrm{d}y$

6. 已知函数 $f(x,y)=x^2+2xy+2y^2-6y$,则 ( ).

A. $(-3,3)$ 是 $f(x,y)$ 的极小值点   B. $(3,-3)$ 是 $f(x,y)$ 的极小值点

C. $(-3,3)$ 是 $f(x,y)$ 的极大值点   D. $(3,-3)$ 是 $f(x,y)$ 的极大值点

7. 已知函数 $f(x)$ 可导,设 $z=f(y-x)+\sin x+\mathrm{e}^y$,则 $\dfrac{\partial z}{\partial x}\Big|_{(0,1)}+\dfrac{\partial z}{\partial y}\Big|_{(0,1)}=$ ( ).

A. 1 B. $\mathrm{e}+1$ C. $\mathrm{e}-1$ D. $x-\mathrm{e}$

8. 已知函数 $f(u,v)$ 具有二阶连续偏导数,且 $\dfrac{\partial f}{\partial v}\Big|_{(0,1)}=2$,$\dfrac{\partial^2 f}{\partial u^2}\Big|_{(0,1)}=3$,设 $g(x)=f(\sin x,\cos x)$,则 $\dfrac{\partial^2 g}{\partial x^2}\Big|_{x=0}=$ ( ).

A. 1 B. 2 C. 3 D. 4

9. 已知函数 $f(x,y)=\begin{cases}\dfrac{\sin x^2\cos y}{\sqrt{x^2+y^2}}, & (x,y)\neq(0,0),\\ 0, & (x,y)=(0,0),\end{cases}$ 则在点 $(0,0)$ 处 ( ).

A. $\dfrac{\partial f}{\partial x}$ 不存在，$\dfrac{\partial f}{\partial y}$ 不存在　　　　　　B. $\dfrac{\partial f}{\partial x}$ 存在且等于 1，$\dfrac{\partial f}{\partial y}$ 不存在

C. $\dfrac{\partial f}{\partial x}$ 不存在，$\dfrac{\partial f}{\partial y}$ 存在且等于 0　　　　D. $\dfrac{\partial f}{\partial x}$ 存在且等于 1，$\dfrac{\partial f}{\partial y}$ 存在且等于 0

10. 设 $f(u,v)$ 是可微函数，令 $y=f(f(\sin x,\cos x),\cos x)$，若 $f(1,0)=1$，$\dfrac{\partial f}{\partial u}\Big|_{(1,0)}=2$，$\dfrac{\partial f}{\partial v}\Big|_{(1,0)}=3$，则 $\dfrac{\mathrm{d}y}{\mathrm{d}x}\Big|_{\frac{\pi}{2}}=$（　　　）.

A. -9　　　　　　B. -6　　　　　　C. -3　　　　　　D. 3

11. 已知非负函数 $z=z(x,y)$ 由 $x^2(z^2-1)+2y^2+4xyz=1$ 确定，则 $\mathrm{d}z\big|_{(1,1)}=$（　　　）.

A. $2\mathrm{d}x-\mathrm{d}y$　　　B. $2\mathrm{d}x+\mathrm{d}y$　　　C. $\dfrac{1}{2}\mathrm{d}x-\mathrm{d}y$　　　D. $\dfrac{1}{2}\mathrm{d}x+\mathrm{d}y$

12. 已知函数 $f(x,y)=x^2 y\ln(1+x^2+y^2)$，$a,b$ 是任意实数，则 $f(x,y)$ 的（　　　）.

A. 驻点是 $(0,0)$　　　　　　　　　B. 驻点是 $(a,0),(0,b)$

C. 极值点是 $(0,0)$　　　　　　　　D. 极值点是 $(a,0)$

13. 已知函数 $f(x,y)=2x+3y+\sqrt[3]{4xy(5x-3y)}$，令 $g(x)=f(x,x)$，$h(x)=f(x,2x)$，给出以下 4 个结论：

① $\dfrac{\partial f}{\partial x}\Big|_{(0,0)}=2$，$\dfrac{\partial f}{\partial y}\Big|_{(0,0)}=3$；　② $\mathrm{d}f\big|_{(0,0)}=2\mathrm{d}x+3\mathrm{d}y$；　③ $g'(0)=5$；　④ $h'(0)=6$.

其中结论正确的个数是（　　　）.

A. 0　　　　　　B. 1　　　　　　C. 2　　　　　　D. 3

二、解答题

1. 设 $z=z(x,y)$ 是由方程 $x+y+z-xyz=0$ 所确定的隐函数，求 $\dfrac{\partial z}{\partial x}$ 和 $\dfrac{\partial z}{\partial y}$.

2. 求由方程 $xyz=\arctan(x+y+z)$ 所确定的隐函数 $z=z(x,y)$ 的 $\dfrac{\partial z}{\partial x},\dfrac{\partial z}{\partial y}$.

3. 设二元函数 $z=\mathrm{e}^{xy}f(x^2+y)$，其中 $f(u)$ 是一个可导函数，求偏导数 $\dfrac{\partial z}{\partial x},\dfrac{\partial z}{\partial y}$.

4. 设 $z=u^2\cos v$，且 $u=\mathrm{e}^{xy}$，$v=2y$，求 $\dfrac{\partial z}{\partial x},\dfrac{\partial z}{\partial y}$.

5. 设 $z=f(xy,x+y^2)$，且 $f(u,v)$ 具有偏导数，求 $\dfrac{\partial z}{\partial x},\dfrac{\partial z}{\partial y}$.

6. 设 $u=f(x,y,z)=xy+xF(z)$，其中 F 为可微函数，且 $z=\dfrac{y}{x}$，求 $\dfrac{\partial u}{\partial x},\dfrac{\partial u}{\partial y}$.

7. 设 $z=\dfrac{1}{x}f(xy)+y\varphi(x+y)$，其中 f,φ 都是可导函数，求 $\dfrac{\partial z}{\partial x},\dfrac{\partial z}{\partial y}$.

8. 设函数 $z=\mathrm{e}^{-x}-f(x-2y)$，且当 $y=0$ 时，$z=x^2$，求一阶偏导数 $\dfrac{\partial z}{\partial x}$.

9. 设 $z=\ln(\sqrt{x}+\sqrt{y})$，试证：$x\dfrac{\partial z}{\partial x}+y\dfrac{\partial z}{\partial y}=\dfrac{1}{2}$.

10. 改变积分 $\displaystyle\int_0^1\mathrm{d}x\int_0^{2x}f(x,y)\mathrm{d}y+\int_1^3\mathrm{d}x\int_0^{3-x}f(x,y)\mathrm{d}y$ 的次序.

11. 改变积分 $\displaystyle\int_0^1\mathrm{d}x\int_0^{\sqrt{2x-x^2}}f(x,y)\mathrm{d}y+\int_1^2\mathrm{d}x\int_0^{2-x}f(x,y)\mathrm{d}y$ 的次序.

12. 求积分 $\iint\limits_{D} x^2 e^{-y^2} \mathrm{d}x\mathrm{d}y$，其中 D 是以 $(0,0),(1,1),(0,1)$ 为顶点的三角形.

13. 画出积分区域，并计算下列二重积分：

(1) $\iint\limits_{D} e^{x+y} \mathrm{d}\sigma$，其中 D 是由 $|x|+|y| \leqslant 1$ 所确定的闭区域；

(2) $\iint\limits_{D} \sqrt{|y-x^2|}\, \mathrm{d}x\mathrm{d}y$，其中 $D = \{(x,y) \mid -1 \leqslant x \leqslant 1, 0 \leqslant y \leqslant 2\}$.

14. 计算积分

$$I = \iint\limits_{D} f(x,y)\,\mathrm{d}\sigma,$$

其中,$f(x,y) = \begin{cases} x^2 y, & 1 \leqslant x \leqslant 2, 0 \leqslant y \leqslant x, \\ 0, & \text{其他}, \end{cases}$ $D = \{(x,y) \mid x^2 + y^2 \geqslant 2x\}.$

15. 设平面薄片所占的闭区域 D 由直线 $x + y = 2$，$y = x$ 和 x 轴所围成，其面密度为 $\rho(x,y) = x^2 + y^2$，求该薄片的质量.

// 自测题 //

自测题一

一、单选题（每小题 2 分，共 12 分）

1. 函数 $y=\sqrt{3-x}+\ln(x+1)$ 的定义域是（　　）.

A. $(-1,3)$ 　　　　　　　　B. $[-1,3)$

C. $(-1,3]$ 　　　　　　　　D. $(3,+\infty)$

2. $\lim\limits_{x\to x_0^-}f(x)=A$，$\lim\limits_{x\to x_0^+}f(x)=A$，则 $f(x)$ 在点 x_0 处（　　）.

A. 一定有定义 　　　　　　　B. 一定有 $f(x_0)=A$

C. 一定有极限 　　　　　　　D. 一定连续

3. 设 $f(x)$ 在 (a,b) 内连续，且 $x_0\in(a,b)$，则在点 x_0 处（　　）.

A. $f(x)$ 极限存在，且可导 　　　B. $f(x)$ 的极限存在，但不一定可导

C. $f(x)$ 的极限不存在 　　　　D. $f(x)$ 的极限不一定存在

4. 设 $\displaystyle\int_0^1 f(x)\mathrm{d}x=2$，$\displaystyle\int_0^3 f(x)\mathrm{d}x=5.2$，则 $\displaystyle\int_3^1 f(x)\mathrm{d}x=$（　　）.

A. 2 　　　　　　　　　　　B. -3

C. 3.2 　　　　　　　　　　D. -3.2

5. 设函数 $f(x)$ 的一个原函数为 x^2，则 $f'(x)=$（　　）.

A. 2 　　　　　　　　　　　B. $2x$

C. $\dfrac{x^3}{3}$ 　　　　　　　　　D. $\dfrac{x^4}{12}$

6. $f(x)=\displaystyle\int_0^{x^2}\ln(t^2+1)\mathrm{d}t$，则 $f'(x)=$（　　）.

A. $\ln(x^4+1)$ 　　　　　　　B. $\ln(x^2+1)$

C. $2x\ln(1+x^2)$ 　　　　　　D. $2x\ln(1+x^4)$

二、填空题（每题 2 分，共 8 分）

1. 设 $f(x)=|\cos x|$，则 $\displaystyle\int_0^\pi f(x)\mathrm{d}x=$ ＿＿＿＿＿＿＿＿.

2. 如果点 $(1,3)$ 为曲线 $y=ax^3+bx^2$ 的拐点，则 $a=$ ＿＿＿＿＿＿.

3. 设 $y=5^x$，则 $y^{(n)}=$ ＿＿＿＿＿＿＿＿＿.

4. 设函数 $z=x^2y+2xy^3$，则 $\dfrac{\partial z}{\partial x}\Big|_{(2,1)}=$ ＿＿＿＿＿＿＿＿.

三、**计算题**(每题 5 分,共 60 分,要有详细步骤)

1. $\lim\limits_{x \to \infty} \left(1 + \dfrac{1}{6x}\right)^{2x}$.

2. $\lim\limits_{x \to 0} \dfrac{e^{5x} - 1}{\sin 3x}$.

3. 设 $y = \cos(\ln x) + x^2 e^{3x}$,求 y',dy.

4. 设 $y^3 + 3yx - 5x^2 = 6$,求 $\dfrac{dy}{dx}$.

5. $\displaystyle\int \dfrac{(\ln x)^3}{x} dx$.

6. $\displaystyle\int x\cos x\, dx$.

7. $\displaystyle\int_1^4 e^{\sqrt{x}}\, dx$.

8. $\displaystyle\int_0^{\frac{\pi}{2}} \cos^2 x \sin x\, dx$.

9. 试求函数 $f(x) = \dfrac{x^2}{1+x}$ 的单调区间和极值.

10. 求曲线 $y = 2xe^x + 1$ 在点 $(0,1)$ 处的切线方程和法线方程.

11. 求微分方程 $y' + \dfrac{y}{x} = \dfrac{\sin x}{x}$ 通解.

12. 求二元函数 $z = x^2 - x^2\sin y + 3y$ 的全微分.

四、综合题(本大题共 6 个小题,限选 4 小题,每小题 5 分,共 20 分)

1. 设某商品在销售单价为 p(单位:元)时,每天的需求量为 $x = 18 - \dfrac{p}{4}$. 某工厂每天生产该商品的成本函数为 $C(x) = 120 + 2x + x^2$. 现若工厂有权自定价格,问该工厂每天产量为多少时,可使利润最大?这时价格为多少?

2. 某商品的需求量 Q 为价格 p 的函数 $Q = 150 - 2p^2$,求:

(1) 当 $p = 6$ 时的边际需求,并说明其经济意义;

(2) 当 $p = 6$ 时的需求弹性,并说明其经济意义;

(3) 当 $p = 6$ 时,若价格下降 1%,总收益将变化百分之多少?

3. 设平面图形由曲线 $y = \sqrt{x}$ 与直线 $y = 0, x = 4$ 所围成,试求:

(1) 此平面图形的面积;

(2) 此平面图形绕 x 轴旋转一周所得到的旋转体的体积.

4. 当推出一种新的电子游戏光盘时,在短期内销售量会迅速增加,然后下降. 设销售量与时间的关系模型为 $Q(t) = \dfrac{200t}{t^2 + 100}$,求:

(1) $\lim\limits_{t \to 10} Q(t)$ 与 $\lim\limits_{t \to +\infty} Q(t)$;

(2) 此游戏光盘能否长期销售下去?并说明理由.

5. 若 $f''(x)$ 在 $[0,\pi]$ 上连续,且 $f(0)=2$,$f(\pi)=1$,证明:$\int_0^{\pi}\left[f(x)+f''(x)\right]\sin x\mathrm{d}x=3.$

6. 某公司拟通过报纸及电视两种方式做某种品牌的广告,根据统计资料,销售收入 R(单位:百万元)与报纸广告费用 x(单位:百万元)、电视广告费用 y(单位:百万元)之间有如下函数关系:

$$R = 15 + 14x + 32y - 8xy - 2x^2 - 10y^2.$$

(1) 在广告费用不限的情况下,求最大收入的广告策略;

(2) 若只提供广告费用为 1.5 百万元,求相应的最大收入广告策略.

自测题二

一、单选题(每题 3 分，共 12 分)

1. 当 $x \to 0$ 时，下列等价无穷小的式子中，错误的是(　　).

A. $\sin x \sim x$

B. $\sqrt{1+x} - 1 \sim x$

C. $\ln(1+x) \sim x$

D. $e^x - 1 \sim x$

2. 下列有关积分的不等式，正确的是(　　).

A. $\int_1^e \ln x \, dx < \int_1^e \ln^2 x \, dx$

B. $\int_0^1 e^x \, dx < \int_0^1 x^2 e^x \, dx$

C. $\int_0^{\pi/2} \sin^2 x \, dx < \int_0^{\pi/2} \sin^3 x \, dx$

D. $\int_0^1 x \, dx < \int_0^1 \sqrt{x} \, dx$

3. 下列广义积分中，收敛的是(　　).

A. $\int_1^{+\infty} \frac{1}{x^2} \, dx$

B. $\int_0^{+\infty} \frac{1}{x^2} \, dx$

C. $\int_0^1 \frac{1}{x^2} \, dx$

D. $\int_{-1}^1 \frac{1}{x^2} \, dx$

4. 微分方程 $y'' = \cos 2x$ 的通解是(　　).

A. $-\cos 2x + C$

B. $-\cos 2x + C_1 x + C_2$

C. $-\frac{1}{4}\cos 2x + C$

D. $-\frac{1}{4}\cos 2x + C_1 x + C_2$

二、填空题(每空 2 分，共 18 分)

1. (1) $\lim\limits_{x \to \infty} \frac{2x^2 - 6x + 8}{3x^2 - 5x + 6} = $ ＿＿＿＿＿＿＿＿；

(2) $\lim\limits_{x \to 0} \frac{\tan 5x}{\sin 2x} = $ ＿＿＿＿＿＿＿＿.

2. 给出函数 $y = 2x^3 - 3x^2$，则函数的单调减少区间是＿＿＿＿＿＿＿＿，极大值点 $x = $＿＿＿＿＿，曲线的拐点为＿＿＿＿＿.

3. (1) $\int_{-1}^1 (1 + 3x^2 \sin x) \, dx = $ ＿＿＿＿＿＿＿＿；

(2) $\dfrac{d}{dx} \int_0^{\sqrt{x}} \sin(1 + t^2) \, dt = $ ＿＿＿＿＿＿＿＿.

4. $\int_0^{+\infty} e^{-x} \, dx = $ ＿＿＿＿＿＿＿＿.

5. 微分方程 $\dfrac{dy}{dx} = \dfrac{3x^2}{\sin y}$ 的通解为＿＿＿＿＿＿＿＿.

三、计算题(每题 5 分,共 50 分)

1. 设 $y = \sin(3x^2 + 4)$,求 $\mathrm{d}y$.

2. 设 $y = (x^3 - 3x)\mathrm{e}^{-x}$,求 $\dfrac{\mathrm{d}y}{\mathrm{d}x}$.

3. $\displaystyle\int \frac{1}{x(1 - 2\ln x)}\mathrm{d}x.$

4. $\displaystyle\int \frac{x}{(1+x)(2+x)}\mathrm{d}x.$

5. $\displaystyle\int x\ln x\,\mathrm{d}x.$

6. $\displaystyle\int \frac{\sqrt{x+1} - 1}{\sqrt{x+1} + 2}\mathrm{d}x.$

7. $\displaystyle\int_0^\pi \sqrt{\sin^3 x - \sin^5 x}\,\mathrm{d}x.$

8. $\displaystyle\int_0^1 x\mathrm{e}^{2x}\,\mathrm{d}x.$

9. 设 $x\mathrm{e}^y + y + 1 = 0$,求 $\dfrac{\mathrm{d}y}{\mathrm{d}x}$.

10. 求微分方程 $\dfrac{\mathrm{d}y}{\mathrm{d}x} - \dfrac{2}{x+1}y = (x+1)^2$ 满足初始条件 $y\big|_{x=0} = 2$ 的特解.

四、综合题(本大题共 6 个小题,限选 4 小题,每小题 5 分,共 20 分)

1. 欲做一个容积为 16π 立方米的无盖圆柱形蓄水池,已知池底单位造价为周围单位造价的两倍.问:蓄水池的底面半径和高度各为多少时,总造价最低?

2. 给出曲线 $C: y = \mathrm{e}^{\frac{x}{4}}$ 及其上一点 $A(2, \sqrt{\mathrm{e}})$,过点 A 作切线 AT,试求由曲线 C、切线 AT 及 y 轴所围成的图形的面积.

3. 计算由曲线 $y = x^2$ 与 $y = 2x$ 围成的图形绕 x 轴旋转所成的旋转体的体积.

4. 已知 $y = f(x)$ 连续可导，且满足 $f(x)\cos x + 2\int_0^x f(t) \cdot \sin t \, dt = 2$，求 $f(x)$.

5. 若 $f(x)$ 是连续的奇函数,试证:$\varphi(x) = \int_0^x f(t)\mathrm{d}t$ 是偶函数.

6. 求 $I = \iint\limits_D xy\mathrm{d}\sigma$,其中 D 是由抛物线 $y = x^2$ 及直线 $y = x + 2$ 所围成的闭区域.